全联军◎著

股权一本通

EQUITY HANDBOOK

股权分配+激励+融资+转让实操

清华大学出版社

北京

内 容 简 介

合理的股权设计和股权分配能够成为公司发展的源动力，能够有效解决人的问题、钱的问题、资源的问题、融资的问题、公司控制权的问题。创业公司如何进行合伙人股权分配？如何进行股权激励？如何进行股权融资？如何进行股权转让？具体如何操作实施？涉及哪些会计和法律问题？如何规避其中的风险？这是本书要讲的重点内容，具体来说，是通过对海底捞、真功夫、罗辑思维、百度、腾讯、阿里巴巴、华为、苹果、摩拜、滴滴、雷士照明、分众、聚众等企业的股权解析，以及相关实操干货内容的分享，为解决创业公司发展过程中的上述问题提供思路。

本书适合各类企业老板、合伙人、创业者、投资人以及对股权设计感兴趣的其他人群。

本书封面贴有清华大学出版社防伪标签，无标签者不得销售。

版权所有，侵权必究。举报：010-62782989，beiqinquan@tup.tsinghua.edu.cn。

图书在版编目(CIP)数据

股权一本通：股权分配+激励+融资+转让实操 / 全联军著. —北京：清华大学出版社，2018 (2025.4重印)

ISBN 978-7-302-49933-6

Ⅰ.①股… Ⅱ.①全… Ⅲ.①股权管理 Ⅳ.①F271.2

中国版本图书馆 CIP 数据核字(2018)第 064660 号

责任编辑： 刘　洋
封面设计： 李召霞
版式设计： 方加青
责任校对： 宋玉莲
责任印制： 宋　林

出版发行： 清华大学出版社
　　　　网　　　址：https://www.tup.com.cn, https://www.wqxuetang.com
　　　　地　　　址：北京清华大学学研大厦 A 座　　　　邮　　编：100084
　　　　社 总 机：010-83470000　　　　邮　　购：010-62786544
　　　　投稿与读者服务：010-62776969，c-service@tup.tsinghua.edu.cn
　　　　质 量 反 馈：010-62772015，zhiliang@tup.tsinghua.edu.cn
印 装 者： 三河市君旺印务有限公司
经　　销： 全国新华书店
开　　本： 170mm×240mm　　　　**印　　张：** 14.75　　　　**字　　数：** 195 千字
版　　次： 2018 年 6 月第 1 版　　　　**印　　次：** 2025 年 4 月第 15 次印刷
定　　价： 59.00 元

产品编号：078532-01

序言

对于一家企业来说，最值钱的资产是公司的股权，而最不值钱的资产也是公司的股权。为什么这样说呢？企业快速成长就能够在资本市场获得高额的投资回报，使投资者对企业产生良好的预期，那么企业的股份就会成为现在或未来最值钱的资产；反之，企业经营不善，面临着破产倒闭的窘境，那么股份也就一文不值。

世界顶级富豪都是因为持有某些企业的股份，在股份溢价升值中实现财富梦想的。股权的财富效应散发着无穷的魅力，也具有极强的吸引力。企业家可以借助股权去吸引优质的资源、优秀的人才、丰厚的资金为其所用。

传统企业经营管理方式更注重流程化、制度化、标准化，这建立在以传统工业化为主的大规模标准化生产的基础之上。进入新时代，新型企业更加重视员工的个人能力、团队配合和个性发展，这是互联网时代个性化需求发展的必然之路。

具备创新性的企业需要员工发挥自我主观能动性，摆脱层层领导、强压式的管理模式。因此，以自我激励的方式代替命令式的管理方式是每家企业都应该思考的方向。

企业为了吸引人才、留住人才，充分挖掘人才的价值潜力而采取各种各样的激励措施与手段。在这些措施和手段中，唯

有股权激励越来越受到企业的重视，企业越来越倾向于采用股权激励。

股权激励属于薪酬激励的一种，而且是一个听着就让人激动的事情，但是真要做起来并不是那么容易。20世纪90年代开始，号称"金手铐"的现代股权激励机制从欧美引入我国，逐渐在各大企业尤其是高新技术企业中推行开来，一时成为"盛事"，众多企业争先恐后地积极跟进，从此中国和世界范围内的股权激励机制一起，开启了一个又一个职场人士的"财富神话"。目前，随着"双创政策"的推进以及相关股权激励政策的完善，特别是沪深两市和新三板的发展，我国股权激励发展的基础进一步扩大，梦想照进现实，持有股票能创造的财富神话让很多员工看到了股权激励诱人的红利。

实施股权激励的目的是通过股权机制将企业和个体的命运紧紧地联系在一起，使两者的利益追求尽可能趋于一致，激励经理人和骨干员工的斗志，使被激励人在激励期间更加努力地工作，鼓励他们为企业的目标而齐心协力、共同奋斗，从而促进企业与员工的共同发展，实现共赢。股权激励作为一种制度创新，近年来在国内得到了广泛的宣传和认可，已成为很多企业的"标配"。股权激励的创富效应得到了媒体的高度关注，股权激励的手段也被越来越多的企业所采用。

股权激励在国内的发展时间并不长，在很长的一段时间里，企业老板还停留在"一股独大"的传统思维中，所以老板不敢授股权于员工，担心公司控制权旁落他人，从而引发企业的整体效率低下、核心员工流失等一系列重大问题。对于企业面临的亟待解决的问题，老板如果选择适当的股权设计与激励方案，定会收到意想不到的效果。

目前，股权设计、股权激励相关的培训和咨询业务"很火"，越来越多的企业热衷于实施股权激励。但是要成功实施股权激励计划并非易事，这是一把双刃剑。一方面，可能给公司的发展注入强劲的动力，有助于吸引人才、留住人才、激发人才的积极性；另一方面，如果实施不当，也可能给企业带来风险和损失。

真正在企业内实施一套有效的股权方案计划，是一项十分复杂而又专业的系统工程。本人一直想出版一本实操性很强的工具书，苦于时间关系一直没有实现，现在《股权一本通》终于可以和大家见面了。本书内容从企业的实际需求出发，实操性强，分别从合伙人股权分配、内部股权激励、股权融资和IPO上市四大篇中分十一个章节阐述了如何设计、实施股权激励方案，以及如何在实施过程中规避风险。书中包含大量的真实案例，不仅能让读者从中学到系统实用的股权设计、激励知识和经验，而且将理论与实践相结合，提出方案和指导，更具实操性，这是其他类似培训教材或理论书籍所不具备的。

管理中所有与人相关的东西都是复杂的，股权激励更是如此。与现有的股权设计、股权激励相关书籍相比，本书的突出特点表现在以下几个方面。

（1）**基于读者的需求**。笔者多年来经常与有实施股权激励需求的专业人士、企业主交流，能够深入了解他们的需求、困惑，并从全面满足他们的需求、解决他们的困惑出发来组织内容。例如，如何着手搭建股权架构、如何分配股权、如何考虑激励对象的心理等。

（2）**全面而不遗漏**。笔者没有任何"留一手"的心态和需求，所以在组织内容时，和盘托出，就股权架构的搭建到机制的分配、实施、激励以及过程管控中的风险规避等问题，分别从四大视角、十一个要点进行了详述、解析。

（3）**源于一线实践**。笔者从事咨询、培训多年，书中的案例、方案全部源于一线的真实案例。

（4）**核心法规规章汇编**。本书还整理出实施股权激励涉及的相关法规和规章，便于读者了解国家的强制性规定，有效规避法律风险，做到"红线不能碰"。

　　总之，希望本书能使读者有所收获和启发。本书内容从思维层面开始入手，逐步深入，同时辅以案例进行阐述，实操性强，使读者能逐步领略到股权激励的魅力，触碰到管理的精髓所在。期盼有更多的企业能做好股权激励，能够诞生更多世界级的知名企业，能够有更多优秀的企业家脱颖而出，这也是我们不断前进的动力所在。

目录

第一篇 合伙人股权分配 / 1

第一章 顶层设计：创业者要做股权架构高手 / 2

第一节 股权架构不合理是创业失败的主要原因 / 2

第二节 如何从根源上防止"兄弟式合伙，仇人式散伙" / 7

第三节 股权设计的五大问题 / 10

第四节 股权设计考验的是老板的格局 / 12

第二章 强强联合：合伙人的准入标准 / 16

第一节 结婚机制：合伙人股权合作的进入机制 / 16

第二节 股东就是能力的组合 / 19

第三节 合伙人股权如何估值 / 22

第四节 公司要有实际控制人 / 26

第五节 如何设计内外部合伙人制度 / 31

第六节 合伙人退出机制 / 35

第三章 股权设计：没有理想方案，只有折中方案 / 38

第一节 创业公司为何要做股权设计？ / 38

第二节 早期股权配置容易跳进的四个坑 / 40

第三节 公司股权比例的几条关键生命线 / 45

第四节 明确创业团队的老大、老二和老三 / 48

第五节 早期股权设置不合理，会制约公司发展 / 50

第四章 风险防范：合伙人股权分配的注意事项 / 53

第一节 股权设计中的婚姻因素风险防范 / 53

第二节 股权代持的风险及规避 / 57

第三节 公司股权设计中的法律问题 / 61

第四节 公司股权设计中的税务问题 / 65

第五节 完善公司治理结构，规范化运作 / 68

第二篇 内部股权激励 / 73

第五章 股权激励：让员工自动自发为公司卖命 / 74

第一节 授人以渔：打造公司发财机制 / 74

第二节 建立合伙人事业，让员工告别打工心态 / 78

第三节 股权激励：让员工自动自发为公司卖命 / 83

第四节 股权激励的前提与常见模式 / 85

第五节 经理人股权激励实操要点 / 88

第六节 骨干员工股权激励实操要点 / 91

第七节 全员分红的适用性分析 / 94

第六章 激励实操：股权激励的六定要略 / 97

第一节 定人：确定激励对象 / 97

第二节 定类：确定进行激励的股权类别 / 101

第三节 定价：确定获取代价和条件 / 104

第四节 定量：别给百分比，给股数 / 106

第五节 定条件：确定行权条件 / 108

第六节 定机制：确定退出机制 / 110

第七章 风险规避：防范股权激励可能导致的潜在风险 / 117

第一节 股权激励常见争议及处理 / 117

第二节　股权激励中的法律风险 / 122

第三节　股权激励涉税问题 / 127

第四节　签署股权激励协议，规避风险堵漏洞 / 131

第三篇　**股权融资** / 141

第八章　融资逻辑：投资人多投资占小股，创始人少投资占大股 / 142

第一节　创业者融资的主要方式 / 142

第二节　天使投资 / 146

第三节　风险投资 / 151

第四节　股权众筹 / 154

第五节　股权融资的基本逻辑 / 159

第九章　融资实操：股权融资全流程 / 163

第一节　如何拟定商业计划书 / 163

第二节　如何对接投资人（VC） / 169

第三节　了解 VC 的投资倾向 / 174

第四节　投资人对创业公司的尽职调查 / 179

第五节　创业公司对投资人的反调查 / 183

第六节　股权退出的常见方式 / 187

第十章　融资风控：出让股权，死守公司控制权 / 191

第一节　股权融资是一把"双刃剑" / 191

第二节　企业股权融资常见风险 / 194

第三节　慎用对赌协议 / 197

第四节　保护公司控制权的法律条款设计 / 201

第四篇 IPO 上市 / 205

第十一章 公司上市：上市公司股权处置及股权激励 / 206

第一节 公司境内上市实操流程 / 206

第二节 公司上市后股权套现的问题 / 212

第三节 公司上市后对外股权投资的问题 / 215

参考文献 / 221

第一篇

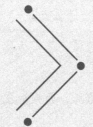

合伙人股权分配

第一章

顶层设计：
创业者要做股权架构高手

现代企业，通过合理的股权架构设计虽然不能完全避免各种问题和漏洞，但可以尽可能地保护合伙人的利益。合理的股权设计，根本出发点是规避各种"人性的万一"。通过顶层制度设计来规避人性的弱点和人性的阴暗面，最终从分配制度层面来避免"兄弟式合伙，仇人式散伙"。

股权设计和股权分配问题，考验的不仅仅是老板的胸怀和格局，同样也在考验创业合伙人的胸怀和格局。

抓住股权不放的，往往是大股东、小老板，企业越做越小，路越走越窄。

善做股权分配的，往往是小股东、大老板，企业越做越大，路越走越宽。

第一节 股权架构不合理是创业失败的主要原因

现代意义上的创业，除了小生意、个体户外，正规的公司化创业，往往不是凭一己之力能够完成的，需要引入合伙人，团队配合，各司其职，风雨同舟，结成前行的同盟军，共进退，共担风险。

合伙创业有一个无法绕过的重要问题——合伙人股权划分，而创业公司的股权划分是否合理，将直接决定公司的走向和生死存亡。

关于合伙创业的一个残酷事实是，很多创业项目的失败不是败在人、产品或运营上，而是败于股权结构，股权结构不合理将是创业企业发展的直接障碍和致命隐患。

抽样调查显示，同欧美国家相比，我国民营企业的寿命非常短，平均生存时间仅有 3.7 年，中小型企业的寿命更短，只有 2.5 年。

企业短命的原因众多，其中股东之间的矛盾，对企业是最致命、最具破坏性的。我们看到，有很多合伙制企业，业务开展得不好，股东之间有矛盾；业务开展得好，企业赢利颇丰，由于股东之间的权益分配不均衡，也会引起矛盾，给企业发展造成不可逆转的伤害。

以至于除非是一人股东制，否则多股东制的企业出现股东矛盾的概率几乎是百分之百，很少有例外。

股东之间如果存在严重矛盾和裂痕，长期处于对立、博弈状态，将会动摇合伙公司的根基，致使合伙人之间缺乏起码的信任，股东之间无法形成有效的统一决议，会影响公司正常决策和日常运营，使公司业务陷于停滞状态，最终损害的还是股东的根本利益。

股东矛盾的根源在于股东权利，股权不仅是分红比例，而且是掌权比例，它涉及人类最敏感的两个话题：财富与权利。股东的两项最基本权利为财产权利和控制权利。财产权利主要表现为分红权和分配公司剩余资产的权利，控制权则表现为对公司日常经营（决定管理团队和重大事项决策）的决策权，正是这两种权利造成股东之间存在天然的矛盾。

股权结构设计不合理，必然会导致股东之间出现矛盾，尤其是以下几种股权分配方式。

一、平均划分股权

很多合伙人创业颇具草莽精神，在股权分配上也不会过多计较，而是本着兄弟情深的出发点，干脆拍脑袋均分股权，要么是"二人五五对等"，要么是"三人平分天下"，却不知他们拍脑袋设计的恰恰是世上最差的股权结构。

案例

"真功夫"均分股权，创始人银铛入狱

1994年，潘宇海出资4万元，姐姐潘敏峰和姐夫蔡达标共计出资4万元，在东莞长安镇开了一家168快餐店，其中，潘宇海占50%的股份，姐姐和姐夫各占25%。初期，三人各司其职，潘宇海掌控全局，姐姐负责收银，姐夫则负责店面扩张。

1997年，"真功夫"（168快餐店先是更名为"双种子"，后改名为"真功夫"）攻克了中式快餐的标准化难题，开始大举扩张，在全国开设连锁店。由于蔡达标负责的是店面拓张，他的重要性日益显现，对企业的贡献也越来越大。

到了2003年，企业经营的主导权渐渐到了蔡达标手中。2006年，蔡达标夫妇离婚，妻子手中25%的股权也移交到蔡达标手中，至此，"真功夫"剩下的两大股东每人各占一半股份（股权划分的大忌）。

2007年，是"真功夫"发展过程中的一个重要节点，今日资本和中山联动两家投资机构计划向"真功夫"各自投入1.5亿元，分别占股3%，根据这个比例，"真功夫"的估值已高达50亿。相应地，引入资本后，原股东蔡达标和潘宇海的股份将统一被稀释为47%。

两家投资机构其实主要是投蔡达标这个人，他们进入后，大力支持蔡达标，潘宇海则被逐渐边缘化，甚至同潘宇海关系密切的一些内部中高层管理人员，也都被以各种形式劝退。

此举，激怒了潘宇海，原本和谐的股东关系被打破，其后，由蔡达标主导的公司财务上的一些重大运作，都开始有意无意对潘宇海进行隐瞒。

2009年，潘宇海以"大股东有矛盾"中止了"真功夫"向银行的贷款申请，7月，"真功夫"股东之间矛盾激化，潘宇海向法院起诉，请求查封公司的财务报告及账册，要求履行股东知情权。

2010年2月，法院做出判决，认定"真功夫"不允许大股东（潘宇海）查账的行为属于违法行为，并责令"真功夫"配合潘宇海委托的会计师事务所进行账目审计。

查账后，潘宇海发现公司财务存在重大问题，于是向公安机关报案，经过公安机关侦查，证实了蔡达标等人涉嫌挪用资金、职务侵占等犯罪行为。后经广州市人民检察院批准，于4月22日对蔡达标等4名嫌疑人执行逮捕。

2013年12月12日，广州市天河区法院认定蔡达标职务侵占和挪用资金两项罪名成立，判处其有期徒刑14年。

潘宇海重新出任"真功夫"董事长，同姐姐潘敏峰重获公司控制权。

世上最差的股权结构莫过于股东平分股权，它会给企业日后的经营埋下严重隐患，创业者务必要在设计阶段极力规避。

二、剥削式股权设计

何为剥削式股权设计？即合伙人的贡献、地位同股权不成比例，反差悬殊。这种股权比例的不合理表现在"起主导作用的合伙人占小股，处于打工仔的地位"，这也会必然导致合伙人的矛盾，甚至分道扬镳。

案例

"罗辑思维"合伙人何以散伙？

"罗辑思维"是传统媒体人罗振宇和"独立新媒"创始人申音于2012年打造的知识型视频脱口秀，口号是"有种、有趣、有料"，是新时期的知识社群，它满足了信息泛滥时代人们对可信知识源和可靠知识的需求。

从上线起，"罗辑思维"就坚持在微信公众平台于每日早上6时发布罗振宇的60秒语音，全年无休，风雨无阻，雷打不动。另外，还于每周五在优酷网发布高质量的视频节目，每期50分钟，每年48期，这些内容都是免费的。

依靠免费内容，"罗辑思维"吸引了大批粉丝关注，前期"罗辑思维"团队只是在不断打磨、精进产品，并未尝试商业化。2013年推出的付费会员制，是"罗辑思维"初步试水商业化，尝试将知识产品变现，效果显著。2014年开始，"罗辑思维"相继推出微信自媒体电商平台、"得道"APP以及独立电商平台"生活作风"网站，"罗辑思维"估值超过1亿美元。

在公众面前，"罗辑思维"基本上等同于罗振宇，因为在前台吆喝和干活的都是罗振宇，孰料，罗振宇只是个小股东，占股比例不足18%，而幕后的合伙人申音才是大股东、大老板，持股比例超过82%。

2014年5月，"罗辑思维"两大合伙人正式"分手"，申音退出，罗振宇继续操盘这个项目。

显然，"罗辑思维"两大股东之所以散伙，是由于股权结构设计上的本末倒置，干活的罗振宇只占小股，久而久之，自然会心理不平衡，达到临界点，矛盾就会出现，合伙人分崩离析，严重的甚至会拖垮公司。

三、外部投资人占大股

身边一个朋友创业，自己掏60万元，占股30%，找外部朋友投了140万元，占股70%。经过两年奋斗，公司发展不错，但创始人心里却越来越不舒服。因为自己辛辛苦苦干活，却只混成了小股东，朋友什么也不做，却坐享其成分大头。而且由于当初没有留下足够的股权空间，导致其他合伙人和投资人无法进入。后来，连续好几家看好该公司的投资机构，都由于股权结构有问题而放弃投资。

最后的结局是什么？这名创始人干脆放弃了这份事业，被投资人挖走，另起炉灶。

外部投资人，通常只投钱，不做事，因此，其股权获得价格应比合伙人高，而不应同合伙人一视同仁，按同样的价格来获取。

通常来说，我建议外部投资人要比内部合伙人要以最低高出 1 倍的价格购买股权，比如，公司启动资金如果需要 1 000 万元，那么内部合伙人购买价格为 10 万元一股，外部投资人则要定位在 20 万元一股。

具体操作时，要绝对避免完全按出资比例来分配股权，创始合伙人要把控好底线，该强势的时候一定要强势，否则会造成无穷的后患。

第二节 如何从根源上防止"兄弟式合伙，仇人式散伙"

世界是物质的，人首先是物质的，在物质的基础之上，才会有心理、精神、观念、思想、意识形态等。

物质层面的公平，取决于收入分配制度的公平。合伙人合伙创业是否长久，取决于股权分配方案是否合理。初创团队在设计股权时，应秉承公平和合理的基本原则，公平能够保证合伙团队及投资人的心态平衡与持续稳定，增加团队的凝聚力。

现代企业，拥有合理的股权架构设计虽然不能完全避免各种问题和漏洞，但可以尽可能地保护合伙人的利益。合理的股权设计，根本出发点是规避各种"人性的万一"。通过制度设计来规避人性的弱点和人性

的阴暗面，最终从分配制度的层面避免"兄弟式合伙，仇人式散伙"。

进行股权设计，不是为了赶潮流，应有明确的目的性，股权设计的目的主要有以下几方面。

一、维护创始人控制权

注意此处讲的是控制权，而非控股权，两者并非一个概念。尤其是对于一些新兴企业、需要大量融资的企业，往往会随着多轮融资的推进，创始人的股权会不断稀释，失去控股权，但这并不意味着同时失去对公司的控制权。

在这种情况下，需要做好相应的机制设计，确保企业创始人在失去控股权的情况下依然能够具备掌控公司的权利，比如京东、百度、阿里巴巴、腾讯等公司，其创始人并无控股权（刘强东持有京东16.2%的股权，马云在阿里巴巴的股权只占8%，马化腾只持有腾讯10%的股份，李彦宏持有百度17%的股份），但对公司却有牢牢的控制权。

但如果股权设计失败，那么创始人失去的不仅仅是控股权，还有公司的控制权，严重的还有可能被赶出公司，王石失去对万科的控制权就是一个负面案例。

二、凝聚合伙人

没有合伙人，意味着在创业的路上没有人跟你风雨同舟、出生入死，一人老板制的模式也不能说不好，作为法人代表，一人全权拥有公司，大权在握，不用考虑合伙人的意见和态度。如果不考虑公司发展和成长，不考虑业务的持续萎缩，这种模式确实不错，一人老板，多么悠哉。

问题是在这个高度竞争的商业世界，创业之路无比艰辛，只有抱团发展、优势互补才能在商业丛林站稳脚跟；只有寻找伙伴，结伴而行，披荆斩棘，过关斩将，方能够到达你梦想的 50%、75% 或者 100%。

合理的股权设计，能够规避人性的弱点，从制度的层面规制合伙人之前的权益、责任关系，将大家的优势和正能量凝聚起来，为公司建设添砖加瓦。

三、用利益留住员工

留住人才的最佳手段是利益捆绑，下策是涨工资，中策是给分红，上策是发股份。通过股权设计，让员工变股东，变成公司的主人，他们的主人翁精神也就会自动产生。

四、吸纳外部投资人

现代商业竞争在一定程度上是资本的竞争，谁拥有更雄厚的资本实力，谁能调动更多的资金资源，谁就能够更好更快地跑马圈地，占领市场，做到行业老大，让竞争对手望尘莫及；相反，如果在融资上落后对手一拍，则会处处被动，甚至被对手吞并。

企业融资时，外部投资人会重点考察创业团队的股权结构是否合理，这是他们投资的一个基本前提。

等公司发展到成熟阶段，要进入资本市场时，无论是新三板、IPO，他们都会重点考察公司的股权结构是否明晰、清楚、稳定。

股权分配具有灵活性，股权设计的目的具有阶段性，所以如果有人说股权分配有固定模式那是不可能的，因为不同的企业在不同的发展阶段，其分配方式是不一样的。

在进行股权设计时要把控一个基本原则——考虑当下目标（需要通过股权设计、股权激励解决的现实问题）、不忘中期目标（外部投资人进入，留下空间）、兼顾长远目标（IPO、上市）。

第三节 股权设计的五大问题

公司股权治理结构要回答好五个问题（如图 1-1 所示）。

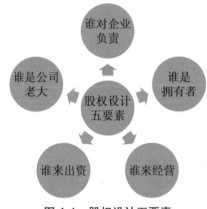

图 1-1 股权设计五要素

一、谁是公司老大

公司一定要有带头人，避免出现海底捞、真功夫均分股权的局面。不论是内部合伙人，还是外部投资人，他们之所以愿意合伙干，愿意投资，都是出于欣赏企业领袖，都是在投带头大哥。

中国的创业者和美国的创业者有一个很大的区别，在美国，通常是几个创始人合伙创业，在中国则大多是一个明确的老大，大家都跟着老大打拼。

对于一些复杂的创业项目，一个老大很难面面俱到，把所有的事情全都做好，如果几个合伙人通力合作，各自擅长一个领域，这样才更有机会把产品和服务的模型做出来。

徐小平在"论初创企业合伙人"的演讲会上，谈道："我们回头来看失败的企业，绝大部分都有共同的特点，或者是做得非常艰难的企业都有一个共同的因素，就是他们的创始人里只有一个老大，没有老二、老三，没有占两位数的合伙人。创始人要懂得分享，身边要有相关的资源。"

如何将合伙人分出一二三呢？最好的办法就是股权。

事实上，公司的带头大哥，责任更重，压力更大。因此，要让更合适的人上，把有能力的人推向前台，让他们做大股东，其他人做小股东。

二、谁来出资

从资金来源来看，有内部投资人（创始人、合伙人、团队、员工）和外部投资人（天使投资人、风险投资等）之分。公司投资是一个双向选择，投资人在筛选公司，同时公司也要筛选投资人，要考察投资人的背景和投资意图，双方"情投意合"方可"联姻"，而不是对投资人来者不拒。

从投资主体来看，也分两种形式：一种是只投钱不做事（不负责公司日常经营和管理）；另一种是既投钱又做事（股东同时担任公司内部职务）。这一点一定要在投资协议中约定清楚，免得日后扯皮。

三、谁来经营

企业的经营者是指负责企业日常运营的人员，可以是股东，也可以是聘请的职业经理人。

传统型企业通常是老板亲力亲为，一人负责经营。比如，"娃哈哈"的"宗式打法"：娃哈哈从创办以来，老板宗庆后都亲力亲为，管理高度扁平化，管理层级非常少，内部几乎没有设置副总，集团旗下各大事业部和生产基地，都是直接向宗庆后汇报。宗庆后集权到了什么程度？有时候连公司买一把扫帚这样的钱甚至都需要他去签字。

这种经营模式显然已经不适合新型的股份制企业，股份合作型企业，

要么是合伙人（股东）各司其职，各自独当一面；要么由职业经理人和高管团队负责经营，或者两者合二为一（经理人和团队同时拥有股权）。

四、谁是拥有者

毫无疑问，从法律角度讲，股东是企业的拥有者。

但是，企业另外还有事实上的拥有者。我们知道，所谓企业拥有者，即企业所有权（财产控制权）的拥有者，而企业所有权（财产控制权）属于经营者，因此，企业事实上的拥有者是经营者。当然，经营者本身可能就是企业的股东，也可能是不持股的职业经理人。

五、谁对企业负责

企业日常负责股东权益的有两大机构：董事会和监事会。

董事会由股东大会选取的董事组成，对股东负责，具有公司的经营决策权，领导公司所有的对内和对外事务；监事会是公司的监督机构，对董事会和经理人的活动进行监督，但并不参与公司的日常业务决策和管理，对外也无权代理公司。为了避嫌，监事会成员不能由董事和高级管理人员兼任。

董事会负责公司经营，对股东负责。监事会负责监督公司管理层的行为，也对股东负责。

 第四节　股权设计考验的是老板的格局

这个世界，永远是格局大的人领导格局小的人，胸怀大的人领导胸

怀小的人。你的财富永远不会超出你的格局、你的胸怀。

股权分配问题，最能考验老板（合伙人）的格局和胸怀。

在国内外手机市场，OPPO和vivo如日中天，这两大国产手机品牌幕后有一个共同的老板——段永平。

段永平是国内商界的传奇人物，研究生毕业后，段永平到"小霸王"做厂长，短短几年就将销售额做到了10亿元，他不再满足于只是领份工资，做打工仔，于是向老板摊牌，想要点股份，可老板格局小，不同意给股份。

没得到股份，段永平一气之下，辞职创立了"步步高"，陈明永（后来的OPPO老板）和沈炜（后来的vivo老板）等一众"小霸王"兄弟，也一并离职，成了"步步高"的创业骨干。

2001年，段永平对步步高进行股份制改造，开始让旗下事业部独立运作，出资3 000万元成立OPPO，由陈明永负责，"步步高"旗下原通信事业部则独立为vivo，由沈炜负责。段永平积极鼓励操盘手和骨干员工入股，甚至借钱给大家作为股金，还承诺可以等公司挣钱了从红利里面扣还，如果亏损，则不必偿还。

这就是段永平的格局和气魄。

如今，段永平只占OPPO不到一成的股权，占vivo大概两成的股权，其他都由陈明永和沈炜（也都只占一成左右）以及公司的核心团队和员工所持有。从股权关系上来看，段永平不再是控股股东，也不过问具体经营事宜，只充当"精神领袖"的角色。

而这两家企业不仅没有倒闭，反而是蛋糕越做越大。

相对而言，任正非做得更彻底。

华为创立之初，任正非就设计了全员持股制度，任正非作为公司创始人只持有极少比例的股权，其余股权则由公司六万余名员工共同持有（如图1-2所示）。根据员工的表现和工作年限来决定分红数额，我们看到华为的骨干员工和老员工的离职比例极低，因为他们工作年限越长、贡献越大、职位越高，分红也就越高。

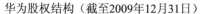

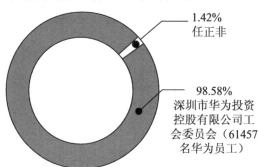

图 1-2 华为股权结构

在华为成长的三十年里，任正非坚持将股份分配给所有员工，而自己的股权则被不断稀释到 1.42%，哪怕将来有一天任正非退休了，也不用担心华为会垮掉，因为华为实施的是全体员工持股，他们才是大股东，绝不允许企业胡来，而华为轮值 CEO 的模式则保证了新老操盘手的交替和平稳过渡，确保企业基业长青。

无论是段永平还是任正非，他们都已经悟到了财富的真谛，都是在真正践行企业家精神。

究竟是老板一人绝对控股，让员工为自己打工，做来做去也只是小打小闹，还是通过分配制度改革和股权改造，让团队和员工一起分享企业的成果，打造一群利益共同体和同盟军，大家共同分担、一起打拼，将蛋糕做大，将企业做强？

股权设计和股权分配问题，考验的不仅仅是老板的胸怀和格局，同样也是创业合伙人的胸怀和格局。

案例

"海底捞" 何以化解最差股权结构？

1994 年，张勇和其他三个伙伴在四川简阳开了一家火锅店，店面很小，只有四张桌子。其中，负责店面经营的张勇没有出一分钱，其他三人共同出资 8 000 元，四人均分股份，各占 25%。充满戏剧性的是，后来这四个年轻人结成了两对夫妻，于是两个家庭各占 50% 的股份。

这个火锅店就是今天大名鼎鼎的"海底捞"的前身。

随着企业的不断发展，"海底捞"董事长兼总经理张勇，认为其他三人已经跟不上企业发展的新形势，就果断将他们从企业先后劝退，只做股东，参与分红，不再过问企业经营的具体事宜。

为了服人，张勇首先拿自己的爱人开刀，让她先离开公司。2004 年，施永宏的太太也离开了公司。2007 年，"海底捞"进入发展的快车道，施永宏也被劝退，从公司离开。

更令人匪夷所思的是，张勇不仅成功将其他三名合伙人"赶出"企业，竟然还以原始出资额的价格，几乎是零代价从施永宏夫妇的手中购买了 18% 的股权，这样，张勇夫妇手中就拥有了 68% 的股份，属绝对控股股东。

对此，施永宏的解释很是耐人寻味，他这样说："不同意能怎么办，一直是他（张勇）说了算……后来我想通了，股份虽然少了，赚钱却多了，同时也清闲了。还有他是大股东，对公司就会更操心，公司会发展得更好。"

这种结局，不论是出于张勇的强势也好，还是得益于施永宏的大度、豁达与忍让也罢，总之，"海底捞"成功优化了"世上最差股权结构"，消除了股权纠纷的隐患。

相对于"真功夫"股权斗争的两败俱伤，"海底捞"之所以能完美解决最差股权结构问题，很大一部分因素在于股东施永宏的双赢思维与开阔的胸襟。

抓住股权不放的，往往是大股东、小老板，企业越做越小，路越走越窄。

善于做股权分配的，往往是小股东、大老板，企业越做越大，路越走越宽。

第二章

强强联合：

合伙人的准入标准

创业，单打独斗有没有成功的可能性？当然有！

只是进程会比较曲折，发展也会很有限，创始人很容易心力交瘁，成功也可能是一时的，抵御风险的能力较差。

引入合伙人，团队创业则能够互相弥补短板，提升决策水准，合伙人各得其所，优势互补，其眼界和高度，都非个人创业所能比。

合伙人是同创业者风雨同舟的伙伴，共担风险，共享收益，共同享有公司产权，在合伙人选择上务必要慎之又慎。

第一节 结婚机制：合伙人股权合作的进入机制

合伙人股权合伙创业的进入机制，类似于婚姻关系中的长久深度绑定，即结婚机制，是一种强关系，非志同道合者不可，合伙人是公司的最大贡献者，也是参与股权分配的核心人员，需要通过股权分配机制来绑定。

设计好合伙人股权的进入机制，先要明白什么是合伙人？

国内的中小型企业，有一个共同的问题，也可以称为通病——除了老板之外，整个公司只有员工，而没有合伙人。

什么是合伙人？一个人不拿工资也能替老板干事，他就是合伙人！

什么是雇员？一个人拿工资，但不会切你的蛋糕，分你的股权，他是雇员！

当你需要将某个业务大方向交托出去，你需要合伙人；当你需要将某个具体的任务分配出去，你需要雇员。

我们认为的合伙人，是既有创业能力，又有创业心态，既要投入时间、投入精力，更要投入真金白银的公司创始人与联合创始人。

一、共担风险、共享收益

合伙人之间，是一种长期强关系的深度绑定。

合伙人之间，要表明这样一种姿态——共进退、同荣辱，他们是创业路上出生入死的同盟军，一起抵御风险，分享收益。

电影《心灵捕手》里有一句话——什么是你的心灵伴侣？是那些可以跟你较劲的，那些能够毫无保留与你沟通的人，可以触动你心灵的人。除了爱人，只有合伙人，才有这种意愿，才有这个资格，才有这种能力。只有这种人才能在最后，在你失败的时候，他跟你一起反败为胜。

否则，你拥有百分之百的股份，别人为什么要跟你一起承担风险？

徐小平讲过一番话，"我经常说一句话，我为了我的10%（新东方占股）而战。当然，我是爱俞敏洪的。如果我们不是合伙人，如果新东方的利益不跟我们捆绑在一起，假如仅仅是为了新东方培养人才的理想，我早就去团中央了，或者是去红杉了。正是因为我们的利益捆绑，我们才能在每一个艰难时刻一起挺过来。"

有了合伙人，才能有同盟军，有共同前行的伙伴，一起出生入死，一起爬雪山、过草地。当然，作为回报，也要让合伙人享受到对等的收益。

合伙人，一定是公司股权的持有人。

二、能力互补，互相信任

没有任何一个职位像老板（创业者）一样对人的综合素质要求如此

之高，如果你在任何方面存在短板，都难以成为一个成功的创业者，除非能找到互补的合作伙伴。

引入合伙人，实现团队创业，则能够互相弥补短板，提升决策水准，合伙人各得其所，优势互补，其眼界和高度，都非个人创业所能比。

仅仅能力互补还不够，创业合伙团队之间还要互相信任、互相包容，合伙人在公司内往往需要负责某个领域，需要独当一面。如果相互之间缺乏信任，互相防备的话，会使合伙人的精力浪费在歧途，错失公司成长的大好机遇。

携程和如家这两家在美国上市的中国公司，是由同一个创业团队所打造的。对于这个创业团队，《第一团队：携程和如家》中是这样概括的：

"在美国接受教育并且工作多年的沈南鹏、梁建章，与接触过国外文化的民营企业家季琦、国有企业管理者范敏，构成了中国企业史上的一个奇妙组合。

在这个组合里，没有'皇帝'，也没有'大哥'；他们虽有同学之谊、朋友之情，但性格、爱好迥然不同，经历各异；他们创立的携程和如家虽然经历了多次高层人事变更，却从来没有发生过震荡，都在纳斯达克成功上市，并且一直保持着优异的业绩；他们为中国企业树立了一个高效团队的榜样，最终获得了共赢的结局。"

沈南鹏、范敏、梁建章与季琦四人，可谓是"优势互补、互相信任"的创业合伙团队的典范。

三、全职投入，务必出钱

创业，意味着和过去的生活说拜拜，彻底决裂！意味着要彻底偏离正常的生活轨道！

创业前，不管你是在读书，是在私企、国企工作，还是做公务员，基本上都是一样的人生，按部就班，朝九晚五，按月拿着薪水，享受着福利和保障，拥有一定的职称、职位、权力和社会地位。

创业后，这一切都被颠覆了——

按部就班、朝九晚五没有了，取而代之的是全天候、全身心的投入，是拓荒式的工作；

原来的正常薪资没有了，有的是缩水的工资和遥遥无期的收入、盈利、分红；

福利和保障没有了，有的是不确定性、缺乏保障和组织归属感；

职位、权力、地位没有了，全都归零，你必须从头开始，再次打拼，为自己！

一旦你开启了创业模式，你会发现创业耗时、耗力，什么都耗。如果你开始创业，它占据你生活的程度是你无法想象的，甚至会成为你生活的全部。

正因为如此，对于早期创业合伙人，务必要做到全职投入，以为核心创始人排忧解难，应坚决杜绝兼职合伙人。同时，合伙人一定要出钱，试想一下，如果某个人看好你的创业项目，想成为你的合伙人，可是他既不愿意全职干，也不愿意出太多钱，这个时候就要打一个问号，对于这种既不愿全职投入，也不愿意出资的合伙人，你们之间有"真爱"吗？

第二节　股东就是能力的组合

你能走多远，取决于你与谁同行！

创业路上充满磨难艰辛，有几个志同道合、立志高远的伙伴（股东）陪伴，能增添几分成功的把握。但是股东之间的合作，不是人员的简单叠加，而是能力的组合。股东间要做到"力往一处用，劲往一处使"，这样才能发挥出"1+1 > 2"的效果。

股权分配机制，就是用现在的名和未来的利，把当下最有能力、潜力且和老板立场统一的人，统一成一个利益共同体（股东共同体），定好未来与当下的分配规则，就有可能再创奇迹。

案例

不合理的股东能力组合

这是一个创业失败者的自述：

"我是一个二十几岁的愣头青，合伙人是一个将近四十岁的女人，这样的组合很难让人信服我们的专业能力和公司水平。其实问题主要出在我身上，合伙人无论是行业经验、专业水平，还是提案、气场，都没什么问题，但她身边站个我，就出现问题了。

每次与客户面谈时我都会紧张，一是我之前完全没有这种当着一群人的面发言的经验；二是我性格有些内向，普通话本来就不流利，一紧张更加磕巴，可想而知我给合伙人带来的负面影响有多大。

事后我仔细考虑，也跟她提过：假如下次再有机会，我们宁可花钱请个有气场、形象与谈吐能力都能够压得住场面的人陪你去，也不能再让我站在你旁边，我们还是回到各自分工的战场：你对外拓展业务，我负责内部运营。可惜，我们再也没有了'下次'。

一家公司创办人的形象气场，直接决定了一场商务谈判的成败！"

这番失败感慨，可谓字字真言，是无比沉痛的教训。显然，这家创业公司是由于股东能力组合出现了问题，核心合伙人不具备相应的沟通能力，导致企业业务拓展的失败。

在实际操作中，找到合适的股东不是一件容易的事。

第一，股东的角色组合。

公司股东（合伙人）通常需要这样几种角色（见图2-1）。

图 2-1 股东角色组合

①战略家：格局宏阔，视野宽广，野心勃勃，能够高瞻远瞩，制定公司战略。

②执行者：要接地气，执行力强，擅长带领大家去落实各项决策。

③社交家：社会经验丰富，能够游刃有余于各种圈子，善于挖掘资源、整合资源、利用资源、为公司发展争得一个良好的外部环境。

④内训师：凝聚力强，心态积极，是团队的正能量场，能增强团队的向心力。

第二，股东的互补性要强。

公司股东、核心团队成员间，应该有互补性。这种互补，既包括知识、经验上的互补，也包括性格、能力上的互补。

案例

"中星微"的股东搭配

邓中翰在创办"中星微"的时候，首先找到的合作伙伴是斯坦福大学的电子工程学博士杨晓东，他有在英特尔和惠普的工作经历，长期从事 CMOS 大规模集成电路系统的研究，有技术特长；接着，邓中翰又找到了移民加拿大的老同学金兆玮，这位成都电子科大毕业生，有着丰富的市场经验。

合伙人团队组成后，大家专门做了如下分工：

邓中翰是一个知识结构和能力都很全面的人，做事情喜欢从全方位考虑，所以主持大局；说话和走路的频率都比别人快的杨晓东则对技术充满了激情，就专注于技术；金兆玮"和再难缠的人都能打交道"，所以抓销售。

第三，股权怎样组合？

合伙人之间股权的划分，不仅涉及核心利益的分割，更会影响企业的长远发展与稳定，务必要做到科学合理（见表2-1）。

表2-1 股权组合的划分原则

股东数量	划分原则	应避免的划分方案	合理的分配方案
2名合伙人	避免均分，老大要清晰	·50%：50%（股权均分） ·65%：35%（博弈型，小股东可一票否决） ·99%：1%（大股东吃独食）	·70%：30%（老大清晰） ·80%：20%（老大清晰） ·51%：49%（一大一小）
3名合伙人	1>2+3（即大股东比例要大于二、三股东之和）	·各占三分之一 ·35%：18%：18%：29% ·93%：4%：3% ·40%：40%：20%	·70%：20%：10% ·60%：30%：10%（老大清晰，能够进行快速决策）
4名合伙人	2+3+4>1	·25%：25%：25%：25%（均分） ·94%：3%：2%：1%（老大独大）	·40%：25%：20%：15% ·35%：29%：20%：16%

 ## 第三节 合伙人股权如何估值

创业公司股权设计和创业团队股权分配，无论从哪个角度切入，都很难精准计算各方的确切持股数量。如果算小账，短期内根本没法精确计算，也无从下手，没有头绪。

股权架构设计，只能是算大账，做模型，把利益分配的标准统一，让大家感觉相对公平合理，股权不出现致命的结构性问题，此为第一指导原则。

具体股权分配时，可参考以下操作方案。

一、按合伙人贡献的市场价值进行估值

合伙人创业，有的提供项目，有的提供场地，有的提供资金，有的提供技术，有的提供销售渠道，有的提供融资渠道。

各创始人贡献的性质不同，似乎没有一个等价对比的方法，没有一个折价的依据。因为，在创业前期，很难说资金比技术更重要、技术比销售渠道更重要、销售渠道比融资渠道更重要。所以，对于创始人不同的贡献如何折换成股权，是很多创业者疼痛的问题，大多都是采取"拍脑袋"的方式进行股权分配，而缺少了一种数学模型的支撑和理论依据。这很可能会埋下隐患，会不定时爆发。

有没有一种计算方法，可以将创始人的各种贡献在同一纬度上进行量化呢？一来计算起来比较科学客观；二来也能让各合伙人心服口服，减少日后扯皮事件的发生。

市场价值估值法，能够很好地解决这一问题。就是根据各创始人提供贡献的当时市场价值进行估值，将各人的估值进行汇总，再计算各个创始人在贡献总估值中所占比例，这个比例就是各人所对应的股权。

举个例子：合伙人 A 按照人力市场行情，工资收入在每月 15 000 元左右，创业前期只领取 5 000 元的基本生活费，那么还有 1 万元是 A 应得，但公司没有支付的这部分钱就应该折算成 A 对公司的净投入，算作对公司的投资。A 在公司中的股权，就可以参照他的个人投资额占公司总投资额的比例进行估值。

同理，按照这种计算方式，应当先折算创始人对创业企业各种投入的价值，加起来计算出总投入的价值，然后再折算每个人的投入价值占总价值的比例。比如，甲投入的研发工作，估值为 30 万元；乙投入了资金，估值为 20 万元；丙投入了办公场所和办公设备，估值为 10 万元；丁投

入的人力成本估值为 15 万元……所有合伙人的投入总估值为 100 万元，那么甲、乙、丙、丁所对应的股权分别就是 30%、20%、10%、15%。

二、各种投入要素的估值

市场价值估值法，最重要的一个环节，就是估算各种投入的价值。

1. 时间要素估值

时间，是创始人对公司的一个必不可少也是一个最重要的贡献。时间要素的估值，可以按照当前人才市场上通常的薪资标准来折算。比如，创始人 A，以其当前的学历、资历、能力、专业背景，在其他公司的同类岗位上，能提供什么水准的薪资标准，这个薪资标准，就是他的时间要素价值。

时间要素的估值会直接决定相关创始人的定位和工作积极性。比如，合伙人 B 的薪资标准应在 3 万元左右，如果创业公司开始就为其提供 3 万元的月薪，那么就相当于 B 没有为创业企业投入任何时间价值，实际上，他只是个被雇佣的员工而已。如果创业公司为其提供了 1 万元的月薪，那么另外 2 万元的差额，就是 B 的时间要素估值。

简单来说，合伙人在创业公司从事的工作，如果按市场行情价值 2 万元，而他却一分钱工资也不拿，就等于为公司节省了 2 万元的工资成本，或者说是为企业赚取了 2 万元的人力投入。那么，这 2 万元就是他对公司的时间要素估值。

时间要素的估值，要本着这样的原则——以创业公司"本应该发给合伙人，但是实际没有发放"的工资，作为合伙人的投入。

2. 现金估值

现金，对于初创企业尤其重要，在创业公司前景尚不甚明朗的情况下，对公司投入现金，意义重大。现金估值，要分两种情况，一是内部合伙人的现金投入，一般要按其实际金额并结合合伙人的其他投入进行综合估值；二是外部投资人，即只投入资金，不在创业公司从事具体事务的投资方，其现金估值应酌情压缩，以免资金股坐大，出现前面我们讲到的问题。

比如，某个创业公司中：

（1）A、B、C三人创业，A方出力并负责创业企业日常运营，B出力并主要负责事务性工作，C只出钱，不负责具体公司事务。

（2）第一年A、B、C三人都不领工资。

（3）如果人才市场雇佣A这样资历的人才，从事A在创业企业里的工作，应该付给A的年薪是24万元。

（4）B在人才市场的此职务年薪应该是16万元。

（5）创业前期，A、B都没有现金出资，都拿不出钱来，C可以提供40万元。

（6）由于该创业项目前景很看好，A、B两人发挥的作用非常大，具有不可替代的地位，直接决定创业项目的成败。三人经过商议，同意A、B按投入要素实际价值的2倍进行估值，C则按实际出资额的0.5倍行估值。

这样，A的投入估值为48万元，B的投入估值为32万元，C的投入估值为20万元，加起来三方的投入合计估值为100万元，所以A、B、C三方的股权比例分别为48%、32%、20%。

3. 实物出资要素估值

合伙人向创业公司提供的实物出资，也可视为现金投资，不过需要折换成相关物资的当下市场购买价值。

这样的实物资产，必须至少满足下面条件之一。

（1）是创业公司的必需资产。所谓必需资产，是指离开这些资产，公司就无法正常运营。比如基本的办公家具、电脑、打印机、传真机等，

而对于不是创业公司必需的资产，就不应归入实物出资的范畴，比如鱼缸、加湿器、微波炉等。

（2）是为创业公司的运营而特意购买的。比如购买的各种办公用具、电器，如果合伙人从家中搜集一些闲置的办公用品，如电脑、清洁用具等，则应视为义务支援，不应归入实物出资的范畴。

实物出资要素的估值，可以根据市场价来评估。比如，实物资产如果是全新的，则按市场购买价来计算；如果是折旧资产，则以二手物品的实际成交价格来计算，具体可参照一些二手物品交易网站的价格。

4. 创意要素估值

创意出资，主要是指专用技术、知识产权、产品，合伙人向创业企业提供的创意要素的市场价值，就是合伙人对公司的投入。如果合伙人不愿意把知识产权转入创业企业，只希望授权创业企业使用，那么知识产权许可使用费也是创始人对公司贡献的价值。可以按照企业"应该支付，但未支付"的许可使用费，计算知识产权许可使用的价值。

5. 其他资源估值

如果公司合伙人或是合伙人的外部朋友，能为创业公司提供重要的资源，公司暂时无钱支付的话。也可以酌情根据相应资源的市场价值，进行估值后折算成对创业公司的贡献值，给予一定的股权。

第四节 公司要有实际控制人

请记住，没有最好的朋友，只有最好的利益。怎么让合伙人在追逐梦想、打造事业和快速成长中不迷失呢？一定要定规则！

合伙创业，合伙人之间既要有软的交情，也要有硬的规矩，才能长远。

一、合伙人中要有一锤定音的决策者

合伙人团队中最怕没有大家都信服的老大，企业的老大不清晰，企业股权设计就是失败的。

案例

"西少爷"的股权纠纷

"西少爷"将传统肉夹馍和互联网营销手法相结合，曾火爆一时，第一家门店开业不到一周，就有投资人找上门来要投资，给出了4 000万元的估值。

"西少爷"有三个合伙人：孟兵、宋鑫、罗高景，持股比例分别为40%、30%、30%。"西少爷"肉夹馍实际上是他们的第二个创业项目，转型后，第四名合伙人袁泽陆加入。

在公司发展如日中天之际，"西少爷"的几个合伙人却由于股权架构和引资问题起了内讧，大股东孟兵提出，为了公司日后发展需要，希望公司能组建VIE结构，提升自己的投票权权重（是其他合伙人的3倍），对此，其他三名合伙人都感觉很惊异。经过协商，罗高景和袁泽陆表示可以接受孟兵拥有2.5倍的投票权，宋鑫却始终没有同意。

于是，一场漫长的股东内斗就此开始，先是宋鑫被踢出管理层，后来宋鑫又另起炉灶创办"新西少"肉夹馍，最后，他们更是因为分红问题闹上了法庭。

"西少爷"合伙人从股权上没有分出绝对的老大，在实际决策权上

也没有一锤定音者，谁也不服谁。

创业公司，有一个清晰明确的老大是非常必要的，如苹果、微软、谷歌、腾讯、阿里巴巴、百度、小米……这些互联网企业都有清晰明确的老大。有老大，不意味着专制，老大不一定要控股，不过一定要有对公司的控制权，通过各种财务设计，比如通过 AB 股计划、合伙人事业制等确保老大对公司的控制力。创业合伙团队的决策机制，可以民主协商，但意见有分歧时必须集中决策，一锤定音。

公司老大只有具备了控制权，在公司股东会和董事会的博弈中，才能拥有话语权，能够掌控公司，创业公司才不会沦为赌徒手里不断转售的纸牌。而那些没有明确老大的创业团队，看似平等民主，实则会严重影响企业的决策效率，时间长了，甚至会引发创业团队内部的股权战争。人为财死，鸟为食亡，当利益到一定程度时，什么伙伴、友谊之类的东西都要靠边站，最好的办法是先小人后君子，提前在制度上做好设计，规避后续麻烦的出现。

话说回来，如果公司创始人既不掌握控股权，也缺乏相应的公司控制权保护机制，很容易导致大权旁落，被投资人架空。

案例

股权融资是一把"双刃剑"，ofo 创始人戴威权力疑被架空

ofo 是国内共享单车领导品牌之一，自 2015 年 6 月在创始人戴威及其团队的推动下投放市场以来，先后经过了数轮融资，其中主要的投资方包括滴滴、金沙江创投、经纬中国等。

目前，在 ofo 的股权架构中，创始人戴威持股比为 36.02%，滴滴持股比为 25.32%，而其余的投资人，如经纬中国、金沙江、王刚等，实际上也都是滴滴的投资方，都可归属于滴滴系财团，从表面来看，戴威持股比例相对最高，但如果以上投资人的股权加起来或将远超戴威。

在 ofo 的数轮融资中，滴滴一直参与其中，从 B+ 轮一直跟投到 D 轮，我们猜测，滴滴的目的在于将 ofo 的共享单车业务作为自己商业版图的一个有机补充，用 ofo 的小黄车去解决滴滴专车、出租车都无法解决的"最后三公里"的出行问题。外界甚至有传言，ofo 将会直接接入滴滴出行的 APP，用户可以直接在滴滴上面享用 ofo 服务。

尽管目前从董事会层面来看，ofo 创始人及戴威仍处于优势地位，在公司董事会，以戴威为首的管理团队占有 5 席，滴滴占有 2 席，金沙江创投和经纬中国各占 1 席。在这种情况下，作为董事长的戴威是否能够真正掌控公司，就存在很多变数，其余四名管理团队成员的态度就显得尤为重要。

融资是一把"双刃剑"，未来，ofo 及创始人戴威能否用好这把"双刃剑"还不好说，资本市场充满诱惑却又暗流涌动，总会发生一些出人意料的事情。

企业在融资过程中股权被稀释属于正常现象，股权占有比例也不能完全等同于公司控制权，但对于企业创始人而言，珍惜自己股权是使企业得到长远发展的一个重要保障。真格基金创始人徐小平曾说，如果创业者一开始就把主权让出去，再伟大的企业也做不下去；创业者认为只要把事情做起来股份多少不重要，这是错误的，凡是不以股份为目的的创业都是耍流氓。

二、公司要有实际控制人

公司必须要有实际控制人，这个控制人一般就是创始人，通常是发起创始人。

通常来说，在公司股东会与董事会的顶层决策需要控制，但需要发挥人的天性与创意的底层运营需要"失控"。

一家公司，只有确立了控制人，公司才有明确的主人，才有果断的决策，才有运营的方向。

创始人要控制公司，最简单、直接、有效的办法是掌握控股权。非上市公司的控股权在操作上相对容易，事实上，经过多轮融资的公司，或是已经上市的创业公司，创始人和创始团队的股权已经被充分稀释，极少有人能掌握控股权，常见的情况是核心创始人作为公司的最大股东而存在。

上市后，创始人持有多少股权，才算是比较合理呢？我们看一些国内外的知名上市公司创始人持股的情况（见表2-2）。

表2-2　知名上市公司创始人持股情况一览表

公司及创始人	持股比例（%）
阿里巴巴——马云	7.8
腾讯——马化腾	14.43
360——周鸿祎	18.46
京东——刘强东	20.46
百度——李彦宏	22.9
谷歌——佩奇、布林	14.01、14.05
Facebook——扎克伯格	23.55

可见，上市公司核心创始人的股权多在20%左右。

当然，不控股，也有控制公司的操作空间。比如，投票权委托、一致行动人协议、有限合伙、AB股计划等，都可以是备选方案。京东上市前用的是投票权委托，上市后用的是AB股计划，上市前后无缝对接。

这是相对的"失控"，这样公司才能走出创始人的局限性和短板，具备爆发性裂变的基因和可能性。

控制中有失控，失控中有控制，这才是公司控制的最高艺术。

三、合伙人要具备契约精神

马克斯·韦伯在《新教伦理与资本主义精神》一书中，从宗教角度为资本主义在西方兴起找到了一个合理的解释：在传统商业文明下，契约代表着商业关系双方的一种承诺，将信用与契约紧密联系在一起。传统商业文明是构建在契约基础之上，而不断发展的商业文明又反过来催生了西方文明社会的主流精神——契约精神。

契约精神产生于商品交易高度发达的社会，而中国数千年历史一直是自给自足的农业社会，交易匮乏，人们缺少契约精神。

契约，包括有形契约（如合同、制度）和无形契约（如承诺），合伙人之间要有契约精神，契约精神是合伙创业和企业家精神的灵魂，有契约精神才会有"在商言商"的商人精神和责任意识。

而合伙人股权分配最核心的原则也是"契约精神"。对所有的合伙人而言，股权一旦定下来，也就意味着利益分配机制定好了，除去后期的调整机制不说，每个人都要尽最大努力去为共同的事业奋斗，这是最基本的要求，而不是时刻考虑自己所占的股权比例和贡献度。

要明白这样一个道理：如果创业成功了，事业做到了，那么即使占股 1%，分到手的也会很多；如果创业失败，就算占股 99% 也毫无价值。

第五节 如何设计内外部合伙人制度

合伙人之间如果存在严重矛盾和裂痕，长期处于对立、博弈状态，将会动摇合伙公司的根基，致使合伙人之间缺乏起码的信任，股东之间无法形成有效的统一决议，会影响公司正常决策和日常运营，使公司业务陷于停滞状态，最终损害的还是股东的根本利益。

针对这些问题，有必要从合伙人制度层面，做好约束和防范机制，最大程度上规避股东之间的纠纷和矛盾，促使企业良性发展。

一、完善公司章程

公司章程是公司股东的共同意思表示，诠释了公司组织和活动的基本准则，称得上是公司的宪章。如果公司章程能够预先对公司日常经营中的常见问题做出准确预测，并给出相应的应对措施及相关规定，就能够对股东矛盾起到很大的制约作用，将之消除在萌芽状态。

制定公司章程要注意以下两个要点。

第一，公司章程要尽量吸收股东协议的内容，保留股东协议。要在股东协议和公司章程里面都明确规定两者出现不一致（公司章程和股东协议都是可以修改的，因此可能出现更多的不一致）时的处理方式。

第二，初次制定的公司章程，对于股东协议中关于股东权益及公司治理的内容（关于公司设立和筹备的内容除外）要全部吸收，并明确约定章程中的某些条款的修改必须经全体股东一致同意。

二、避免股东滥用知情权

知情权是股东实现财产权益的一个重要表现。但是，股东（尤其是小股东）滥用知情权，就会给公司的商业秘密带来威胁，同时会导致股东之间出现矛盾和分歧。现实中，小股东滥用知情权而使整个公司不得安宁的情况遍地都是。

《中华人民共和国公司法》第34条规定：股东有权查阅、复制公司章程、股东会会议记录、董事会会议决议、监事会会议决议和财务会计报告。股东可以要求查阅公司会计账簿。因此，股东行使知情权最直接的方式就是查账。

不可否认，即使是小股东也拥有正常的知情权和查账权，我们要避免的是恶意（包括主观上的恶意和客观上的恶意）的知情权行使，这就需要在公司制度设计中进行事先约定，比如在股东协议或公司章程中明确规定股东查账的适用情况（不可随意查账）以及保密条款。

三、"志不同道不合"不合伙

合伙创业首先合的是人，股东都是一个个具体的人，都具有各自的主观能动性，合伙人首先要做到志同道合，互相信任，否则，将会给日后合作带来无穷无尽的麻烦。

其一，要避免股东素质的参差不齐，如果股东之间存在经营理念、商业尝试、合伙意识、价值判断、投资理念上的重大差异，那么将很难在公司事宜中达成共识，这是导致股东矛盾的严重隐患。

其二，异性之间慎重合伙。异性之间合伙，也容易出现问题，要慎重而为。我有一个朋友，找了一个女性朋友合伙创业，这名女合伙人有些姿色，两人经常一同出差，一同加班，他们同时都是有家庭的人，时间久了，各种绯闻也就传出来了，后来导致两个合伙人的家庭矛盾不断，后院不稳。两年后，他们再也经不起这种怀疑和折腾，生意以失败告终。

四、合伙人决策问题

不少人存在这样一个误区：在公司里面谁持有的股份最多，谁就有绝对的决策权。

其实，公司决策权和股份比例是两个独立的概念。在一般情况下，要按照股份比例来决定公司决策层面人员的职位和数量，但有例外情况，例如，通过公司章程或协商一致来决定决策权在何方、非绝对控股中相对股权比例大的一方的相对决策权等，例外情形比较多。

另外，全员持股不等于全员决策。比如，华为实行的是全员持股制，但在企业决策上实施的则是"轮值 CEO 制"，华为三位高管郭平、胡厚昆和徐直军轮流担任首席执行长一职，每六个月轮换一次。另外，13 位董事拥有平等投票权，而华为董事长任正非则有权否决董事会的决定权。

五、设定股权调整机制

股权调整有两个方向。

第一，初始合伙人的股权调整。

不得不承认，无论创业前期对于股权分配的设计多么精心，它仍然无法适应新形势的需要，因此，应根据具体情况不断做出调整，要让贡献大、干得多的合伙人，享有更多的股权。

俞敏洪的演讲中有这样一段话："在现实中，新东方在上市之前没有增发股份，因为我预留的 10% 正好在上市之前用完，上市以后就开放了公开的期权发放机制，也不需要我再去重新内部增发股份。所以，如果大家在一起合伙的话，一定要有一个机制，大家先分好股份，紧接着设置一个对干得最多的人增发的机制。"

有几个大学同学合伙创业，我就帮他们设计了一套增发机制。他们到今天也没有打过架，因为每到年底的时候，就会根据干活的多少来进行增发。比如，其中有一个人刚开始占了 40% 左右的股份，现在已经稀释到了 20%，因为他占了 40% 股份，除了投钱什么都没干。但是另外的人在做，那每年就要增发，增发到最后，原来一个占到百分之十几的人，现在已经被增发到了百分之三十几，因为整个公司作为 CEO 是他一直在干的。实际要有这样一套机制，既可以合伙不散，也可以让内部干活的人慢慢在公司的权利不断增加，这样就有一个比较稳定的机制。

另外，许多创业公司会遇到这种情况：股权初始分配之后，发现某个或某些合伙人拿到的股权与其贡献不匹配，这时就很难处理。因为，公司将股权一次性发给合伙人，两合伙人的贡献却是分期到位的，这样就很容易造成股权配备与贡献不匹配，却又难以收回。为了应对这类风险，可以考虑做好以下设计。

（1）合伙人之间要经过一个磨合期，要先恋爱，再结婚，经过观察期后，才谈股权分配。

（2）在创业初期，要珍惜股权，不要一次分完，预留较大期权池，给后期股权调整预留空间。

（3）设计股权分期兑现与回购机制，即根据合伙人的表现和贡献，分期分阶段兑现其股权，不能达到预期表现的，则不予兑现或打折兑现。

第二，预留股权池。

创业是一场接力赛，需要分阶段有计划地持续招募人才，包括合伙人。股权是吸引人才的重要手段。

因此，创业团队最初分配股权时，应该有意识地预留一部分股权放入股权池，为持续招募人才开放通道。

这样才能不断为公司吸引"源头活水"，注入新鲜血液，避免将公司合伙人做成一个封闭的团队。

第六节　合伙人退出机制

合伙人合伙，就像结婚，有结婚，就有离婚，合伙人退出时，怎么办，股权如何处置？不少创业者对此都没有一个明确的概念，完全没有合伙人退出机制，这会给后续的公司运营带来很大麻烦。

我曾看到有的创业公司，前期某个合伙人出资仅仅 5 万元，就拥有公司 30% 的股权。后来，因为合伙人个人原因，导致不能继续在公司任职，所以退出。

离职后，退出合伙人坚决不同意退股，他的理由是：

（1）《中华人民共和国公司法》没规定，股东离职得退股；

（2）公司章程没有约定；

（3）股东之间也没签过任何其他协议约定，甚至没就退出机制做过任何沟通；

（4）他出过钱，也参与了创业的关键阶段。

而其他合伙人则认为如果他不退回股权，既不公平也不合情、不合理，但由于事先没有约定合伙人的退出机制，对合法回购退出合伙人的股权束手无策。

合伙人取得股权，是基于大家长期看好公司发展前景，愿意长期共同参与创业；合伙人早期拼凑的少量资金，并不是合伙人所持大量股权的真实价格。

股权的核心价值在于，所有合伙人与公司长期绑定（如4年），通过长期服务公司去赚取股权。如果不设定退出机制，允许中途退出的合伙人带走股权，这样做看似对退出合伙人公平，但却是对其他长期参与创业的合伙人最大的不公平。

对于合伙人可能退出的情形，应当提前制定预警性的退出机制。

（1）在企业初创期，合伙人的股权分为资金股与人力股，资金股占小头，人力股占大头，人力股至少要和一定的服务期限挂钩，甚至核心业绩指标挂钩。如果合伙人未能完成服务期限，或未能达到相应的业绩指标，则其股权的处置应当按约定政策执行。比如，可以在一定期限内（如一年之内），约定股权由创始股东代持。

（2）如果合伙人离职，资金股与已经成熟的人力股，离职合伙人可以兑现，但未成熟的人力股应当被回购。

（3）股东中途退出，公司或其他合伙人有权溢价回购离职合伙人未成熟甚至已成熟的股权。

（4）鉴于国人"谈利益，伤感情"的观念，合伙人之间首先就退出机制的公平合理性充分沟通理解到同一个波段，做好团队的预期管理，然后再做方案落地。

（5）对于离职不交出股权的行为，为避免司法执行的不确定性，约定离职不退股高额的违约金。

（6）合伙人跟配偶应就创业股权进行钱权分离。很多创业者容易忽视的是，创业合伙人的配偶，其实是背后最大的隐形创业合伙人，因为法律规定婚姻期间的财产属于夫妻共同财产，当然也包括配偶在公司的股权，除非夫妻间另有约定。创业者一旦离婚，其直接结果是，公司的股权将会发生变更，甚至会导致实际控制人发生变更。比如，土豆创始人王薇就因为配偶股权纠纷，影响了土豆的最佳上市时机，后来为此付出了巨大的成本。为了既保障公司股权与团队的稳定性，又兼顾配偶合理的经济利益，稳固创业者后方的和谐家庭关系，应设立配偶股权条款，其基本原则是：一方面，要约定股权为创业者个人财产；另一方面，创业者还要同意与配偶分享股权变现利益，做到钱权分离。

创业公司遇到合伙人退出，应按上述约定或其他特殊约定，平和进行，不应反目成仇。在执行退出合伙人股权回购时应遵循两个原则。

第一，承认合伙人的贡献。对于退出的合伙人，一方面，可以全部或部分收回股权；另一方面，必须承认合伙人的历史贡献，按照一定溢价或折价回购股权。这一点不仅关乎合伙人的顺利退出，也事关公司形象乃至企业文化的塑造。

第二，回购价格的确定。对于退出合伙人股权回购价格的确定，要考虑两个因素：一个是退出价格基数；另一个是溢价或折价倍数。比如，可以考虑按照合伙人掏钱买股权的购买价格的一定溢价回购，或退出合伙人按照其持股比例可参与分配公司净资产或净利润的一定溢价，也可以按照公司最近一轮融资估值的一定折扣价回购。

第三章

股权设计：
没有理想方案，只有折中方案

股权设计是公司分配机制的重中之重，是公司前进的发动机。做好股权设计，是老板治理好企业的新思路，是一项令企业基业长青的艺术。股权设计是为了达成激励目标，而股权激励的终极目标，是"共赢"，即在企业内部建立一套让所有利益相关者共赢的机制。

企业股权模式不是一成不变的，股权设计会伴随企业运营过程的始终，如何进行贴合自身的股权设计，是老板的必修课。企业股权设计永远都没有理想方案，只有基于现实情况的折中方案。

第一节　创业公司为何要做股权设计？

我们知道邓小平设计的改革开放政策，让中国经济持续数十年高速增长，其核心就在于让全体国民有动力，调动了全员积极性。

老板要赚钱，企业要成功，也离不开这个核心要素——设法调动全员积极性。

如何激发员工积极性？

需要借助分配机制，而非人治。当员工的任何一个行动、一个目标背后都有一套合理的机制在推动时，他们就会迸发出无限的潜能。

员工的工作常态，是在全力以赴？还是在全力应付？皆取决于企业的分配机制，机制设计好了，即使老板每天不来公司，员工依然会全力以赴，老板才能"坐享其成"，轻松赚钱。

股权设计是公司分配机制的重中之重，是公司前进的发动机。做好股权设计，是老板治理好企业的新思路，是一项令企业基业长青的艺术。

我发现身边很多老板对于股权分配都存在这样一种误区：企业做股权设计，主要目的是为了上市。

不可否认，上市是企业经营高度规范化、企业超强盈利能力的一个集中表现。企业借助上市，可以募集到一笔可观的资金，上市后还可以通过再融资来筹集企业发展所需的资金，进而展开对外投资、兼并、收购等活动，能够从根本上解决企业对资本的需求。

上市可以推进企业进入发展的快车道，但它并不是企业经营的终极目标，它只是企业发展过程中的一个阶段，而非企业的最终归宿。同样，企业进行股权设计、股权改制的目标也并非只是为了上市。

公司股权设计的用途还有很多，在企业发展的各个阶段都有涉及（见图 3-1）。

股权设计是为了达成激励目标，而股权激励的终极目标是"共赢"，即在企业内部建立一套让所有利益相关者共赢的机制。

企业进行股权设计就是要打造一个互爽机制（见图 3-2），从而真正实现"上下同欲，内外同欲，互惠共赢"的企业理想。

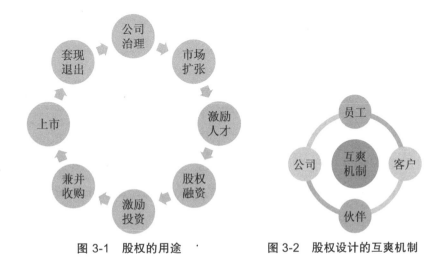

图 3-1　股权的用途　　　　图 3-2　股权设计的互爽机制

在公司发展的不同阶段，老板（股东）都会面临如下公司股权架构设计问题（见表3-1）。

表3-1　公司不同发展阶段的股权设计要点

类　型	描　述
合伙人股权设计	各合伙人在确定合伙创业第一天，就会面临股权架构设计问题，需要做好股权设计
天使融资股权设计	公司发展早期，往往需要引入外部天使资金，要面临股权架构设计问题
员工股权激励机制设计	公司成长阶段，为了激励团队和骨干员工同公司一同长期坚守下去，也会面临股权架构设计问题
股权融资机制设计	随着公司的不断成长，需要招兵买马、跑马圈地，加速发展，进而会资金短缺，很可能要顺次引入A轮、B轮、C轮投资人，这中间都会面临股权架构重新设计的问题
企业联盟股权设计	等公司足够强大，体量足够大，就需要把大公司做小，需要对外投资，需要做关联企业和企业联盟，也会面临股权架构设计问题

企业股权模式不是一成不变的，股权设计会伴随企业运营过程的始终，如何进行切合自身的股权设计，是老板的必修课。

最后要提醒的是，企业股权设计永远都没有理想方案，只有基于现实情况的折中方案。

（第二节）**早期股权配置容易跳进的四个坑**

创业早期，由于资金、资源、人力上的欠缺，创业者通常会饥不择食地渴望得到一些相关资源和人士的鼎力相助，动辄出让股权以讨其欢心，却不知这实际上是在给自己挖坑。

在早期股权配置上，创业者容易跳进的坑主要有以下几种（见图3-3）。

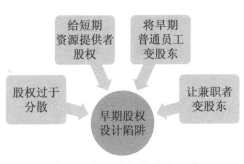

图 3-3 早期股权设计的陷阱

一、股权过于分散

股权分散是由于股东过多造成的，有些创业者出于分散风险、筹集资金的需求，通常会找到很多合伙人，导致股东过多，股权也比较分散。

股权分散：一方面会导致公司股东之间沟通协调和决策成本大大增加；另一方面，公司股东之间也容易形成小团伙，形成各种利益博弈关系，使内斗的风险大大增加，会影响公司的正常发展。

案例

"众筹"变"众愁"

2012 年 2 月，长沙女孩李婷在豆瓣网发帖，希望以股权众筹的形式召集一些合伙人来开一家咖啡厅，大家一起投钱，一起参与咖啡厅的筹建、经营管理，她的股权众筹条件很简单，人人都可以入股，只要出资 3 000 元或 3 000 元的倍数，但最高不超过 3 万元，就可以成为咖啡馆的老板，再也没有其他任何限制和要求。

帖子一出，应者云集。很快吸引了 120 余人参与，筹资 60 万元，这些发起人注册成立了"很多人文化传播有限公司"。

股东就位，资金到位，公司成立后，接下来首要工作就是选址，这时，一百多名股东发挥的不是"人心齐泰山移"的作用，而是各

抒己见，各有各的看法和倾向，在经过漫长而又详尽的开会、争执、对比、调研过程后，长沙市解放东路的一处店址终于获得了大部分股东的认可。

店址既定，紧接着要进行店面装修，股东们在选址时的意见不统一状况，再次上演，发起人李婷作为店面装修的负责人，在股东中间反复协调，多次征求意见，经过无数次修改后，才确定了最终方案。

咖啡馆开业后，推行的是众人民主式管理，民主有了，效率却很难兼顾，事实上，"很多人咖啡馆"的股东大部分人都是门外汉，并不懂咖啡馆的经营与管理，却又都想参与咖啡馆的日常管理，这样一来，董事长、董事和监事们，就不得不花费大量的精力和时间，来征求大家的意见，周旋于各个股东之间，找到决策的平衡点。

如此管理模式，其效果可想而知。

开业之后，"很多人咖啡馆"就一直处于亏损状态，到2013年6月，股东们众筹的60万元只剩下10万元左右，大家也失去了当初的创业激情，不少人都选择将手中股权转让。

出于自救的考虑，"很多人咖啡馆"的股东们就从内部选出了3名负责人，让他们来承包咖啡厅，先试行半年，如果半年后有盈利，再给股东们分红。

在艰难维持两年之后，"很多人咖啡馆"自救措施的成效也不是很明显，2015年7月，"很多人文化传播有限公司"决定将咖啡厅全部转让给一对夫妻股东，实现产权转移。曾经喧嚣一时的股权众筹咖啡厅，就此烟消云散。

"很多人咖啡馆"的失败并不意外，在众筹阶段，发起人对股东没有任何筛选和限制，而且也未从股权份额上区分出相对的大股东，由于股东众多，导致股权过于分散，没有人能够一锤定音，股东都想插上一手，内部矛盾分歧就比较多，内部所出现的种种结果均不受个人意志所控制。而且数量众多且背景不同的股东，都想在咖啡馆运营中表达自己的意见，导致大家各执一词，工作效率极其低下，决策周期漫长，势必会消磨他们的热情，这种负能量最终会传达到咖啡厅。

不论是股权众筹，还是其他形式的股权合伙，还是应该按照公司治理的相关制度，确保有几个占主导权的大股东。再者，股权可以分散，话语权万万不可分散。大股东投入的资金多，他们会更加关注资金的安全，也可以有更大的发言权，便于意见的集中。

当然，如果公司发展良好，吸纳了外部投资人，经过数论融资甚至IPO之后，公司股东众多、股权分散，是合情合理的，但这种情况不应出现在公司初创阶段。

二、给短期资源提供者股权

创业公司启动期可能需要借助很多外部资源，这个阶段最容易给早期的短期资源承诺者许诺过多股权，把外部资源提供者变成公司合伙人。事实上，资源作价入股存在很多的现实难题和未来隐忧，因为有些资源的实际价值很难进行精确的评估，而且资源的实际到位时间也会存在很大变数，在实操中应注意以下事项。

第一，短期资源尽量不要给予股权。

老板为了解决迫在眉睫的现实困难，承诺给资源提供者以股权，可以理解。但要注意分辨资源的现实价值与长远价值。

对于短期资源提供者，要慎重发放股权，既然是短期资源，其效用往往仅限于一个较短的周期，如果给予可观的股权，那么短期资源提供者就会一直坐享其成，分享公司收益。这种状况短期内可能不会出现大问题，但从长远来看，一定会对其他股东和员工的积极性产生消极影响，让大家心里不平衡。

例如：某创业公司，为了节省前期房租开支，就约定房东以免除前5年房租（价值500万元）的条件，获得45%的公司股权。其实，公司的资金短缺往往出现在前期，待项目发展进入正轨，公司解决了资金问题之后，就会发现当初自己为5年房租这一短期资源付出了太大的代价。

因此，对于资源换股权的情况，不仅要看资源的眼前价值，还要看其未来价值，以及公司的未来发展情况。

第二，一次性资源提供者不要发放股权。

对于一次性资源提供者，不论其资源价值有多少，都要慎重发放股权或期权，而可以考虑采取抽成的方式进行合作，一单一结，简单明了，而无须通过股权进行深度绑定。

三、将早期普通员工变股东

不论是出于节省成本的考虑，还是出于激励人才的考虑，将早期普通员工变为股东是很多创业公司的做法。我之所以不提倡这种操作，是由于它存在诸多弊端。

首先，激励效果有限。创业公司的早期非骨干员工，更看重的是眼前实际利益，而非长远的期权收益。相反，对于公司许诺股权的行为，有些员工甚至会认为公司是由于没钱支付工资，而变相画大饼忽悠他们。

其次，创业公司员工流动量比较大，对于获得早期股权激励又很快离职的员工，如果配套的股权落实机制不完善，会带来很大的后续麻烦。

最后，股权激励的成本过高。不论公司将来成长到何种地步，股权的授予都意味着根本利益的交割，而且早期的股权激励，数额太低也起不到太大的激励作用。例如，对某普通员工哪怕给予3%的股权，可能都起不到太大的激励效果。但是同等比例的股权，放在公司成熟稳定阶段，甚至可以给成千上万人带来良好的激励效果。

因此，对于早期员工，除非是不可替代的核心、稀缺人才，尽量不要给予股权。因此，在不确定一个人能否成为合伙人之前，可以先让他成为雇员，因为雇员有机会转为合伙人；就算你看中一个非常棒的人才，也不要立马指定他为合伙人，因为合伙人很难降格成为雇员。

你应该慎重地选择合伙人，因为不称职的合伙人会带来灾难，而踢掉他们的过程将会缓慢而痛苦。

四、让兼职者变股东

公司初创期应遵循的一个基本原则——不吸纳兼职股东。创业是一项风险极高的工作，需要合伙人投入全部的时间和精力，即便如此也不能保证创业就一定会成功，就更遑论兼职创业了，尤其是在创业项目启动期，不要吸纳兼职人员作为股东。如果企业发展到一定阶段，则可酌情发展一些外部的兼职顾问股东。

第三节　公司股权比例的几条关键生命线

公司股权分配，有几条关键的生命线，一定要把控好。

1. 持股 100%——完全控股

100% 持股，属一人老板制，一人掌控公司，老板（股东）对公司上下事项拥有绝对的权威，拥有不容置疑的处置权和决定权。

2. 持股 66.7%（三分之二以上）——绝对控股

《中华人民共和国公司法》第四十三条有这样的规定：股东会会议作出修改公司章程、增加或者减少注册资本的决议，以及公司合并、分立、解散或者变更公司形式的决议，必须经代表三分之二以上表决权的股东通过。

可见，持股 66.7% 以上的股东（或股东联盟），有权主张以下事项（见图 3-4）。

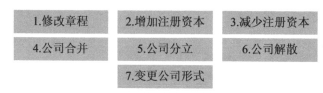

1.修改章程	2.增加注册资本	3.减少注册资本
4.公司合并	5.公司分立	6.公司解散
	7.变更公司形式	

图 3-4　66.7% 以上股东可主张事项

这些事项无不事关公司的生死存亡，66.7% 可谓股权划分的一条关键生命线，其拥有的权利等同于完全控股。

另外，需要注意的是，《中华人民共和国公司法》第四十二条有这样的规定："但是，公司章程另有规定的除外。"

因此，公司章程可以约定按照公司法约定的出资比例行使表决权，也可以自行约定另外的比例。

3. 持股 51%——相对控股

相对控股权对公司经营的制约主要表现在，可以进行一些简单事项的决策、聘请独立董事，选举董事、董事长、聘请审议机构、聘请会计师事务所、聘请解聘总经理等。

4. 持股 34%——超过即拥有一票否决权

前面讲述过，持股三分之二以上，拥有绝对控股权，可以决定公司的重大事项。

那么倒推一下，如果有股东持股 34%（超过三分之一），那么另外的股东就无法实现三分之二以上的持股，进而无法行驶决定公司生死存亡的重大决策。换句话说，持股 34% 或以上的股东，拥有一票否决权。

通常认为，这种一票否决权只限于那些决定公司生死存亡的重大事项，而对于一些仅仅需要半数以上股东（超过 50%）通过的事宜，则无权进行一票否决。

5. 持股 10%——可申请解散公司

持股 10% 以上的股东，有权召集临时股东大会。《中华人民共和国公司法》第一百条规定：股东大会应当每年召开一次年会，但有例外情况，如果"单独或者合计持有公司百分之十以上股份的股东请求时"，应当在两个月内召开临时股东大会。

另外，持股 10% 以上的股东可申请解散公司，据"最高人民法院关于适用《中华人民共和国公司法》若干问题的规定（二）（2008 年 5 月 5 日最高人民法院审判委员会第 1447 次会议通过根据 2014 年 2 月 17 日最高人民法院审判委员会第 1607 次会议《关于修改关于适用〈中华人民共和国公司法〉若干问题的规定的决定》修正）"第一条规定：

单独或者合计持有公司全部股东表决权百分之十以上的股东，以下列事由之一提起解散公司诉讼，并符合《公司法》第一百八十三条规定的，人民法院应予受理：

（一）公司持续两年以上无法召开股东会或者股东大会，公司经营管理发生严重困难的；

（二）股东表决时无法达到法定或者公司章程规定的比例，持续两年以上不能做出有效的股东会或者股东大会决议，公司经营管理发生严重困难的；

（三）公司董事长期冲突，且无法通过股东会或者股东大会解决，公司经营管理发生严重困难的；

（四）经营管理发生其他严重困难，公司继续存续会使股东利益受到重大损失的情形。

股东以知情权、利润分配请求权等权益受到损害，或者公司亏损、财产不足以偿还全部债务，以及公司被吊销企业法人营业执照未进行清算等为由，提起解散公司诉讼的，人民法院不予受理。

6. 持股 5%——超过 5% 的股权就要举牌

通常来说，超过 5% 的股权所有权就要举牌，这是针对上市公司而言的。此举是为了保护中小股东利益，防止机构大户操纵股价，《中华人民共和国证券法》规定，投资者以及一致行动人持有某上市公司已发行股份的 5% 时，应在该事实发生之日起 3 日内，向国务院证券监督管理机构、证券交易所给出书面报告，通知该上市公司并予以公告，并且履行有关法律规定的义务，业内称之为"举牌"。

7. 持股 3%——拥有提案权

股东单独或多人共同持有股份有限责任公司 3% 以上股份时，可以在股东大会召开 10 日前提出临时提案并书面提交董事会。

第四节 明确创业团队的老大、老二和老三

中国的创业者和美国的创业者有一个很大的区别，在美国，通常是几个创始人合伙创业，在中国则大多是有一个明确的老大，大家都跟着老大打拼。

创业考验的是综合能力，需要的是团队配合行动，一个老大很难面面俱到，将所有的事情全都做好，如果几个合伙人通力合作，各自负责擅长的领域，才更有机会把产品和服务的模型做出来，快速打开市场。

徐小平在"论初创企业合伙人"的演讲会上，谈道："我们回头

来看失败的企业，绝大部分都有共同的特点，或者是做得非常艰难的企业有一个共同的因素，就是他们的创始人里只有一个老大，没有老二、老三，没有占两位数的合伙人。创始人要懂得分享，身边要有相关的资源。"

如何将合伙人分出一二三呢？最好的办法就是股权。

第一创始人，要给合伙人多少股份合适呢？答案并不是"多"或者"少"，而是"足够"。因为不同的人、不同的产业，拥有和需求资源是不一样的。你需要给这群人足够的股份，让他们觉得这是自己的事儿，让他们去拼命；让他们觉得不是在为你打工，而是在替自己干活；让他们觉得这不是你的企业，而是他们自己的企业，不要让合伙人再有雇员心态。

一个做电商的互联网公司，创始人是互联网出身，来自某寡头企业，他的联合创始人是做下游供应链的，按理说是一个很不错的组合，也不存在谁主谁次的问题，完全平等的创业伙伴。股权划分可以是50%、50%的股份，60%、40%的股份，70%、30%的股份，最起码也应该是75%、25%或者80%、20%。后来这家企业破产了，其他人才知道那个联合创始人才拥有1%的股份，这哪叫合伙人，老二、老三都称不上，充其量是个有点权益的打工者，是创始人的伙计。

相对而言，创始团队老大的位置比较容易界定，合伙人中通常会有一个发起人、一个意见领袖、一个轴心，他会是当之无愧的团队老大。

至于团队老二、老三、老四位置的界定，则要根据各自的出资、能力、资源、贡献来综合进行排序，这个过程可以充分讨论商议，在合伙人中达成共识，找到一个利益的平衡点。否则，容易留下隐患。

新东方的股份制改造过程中，就遇到过类似的问题。在真正股份制度确定之后，各个合伙人对于股份划分之后，究竟谁该做什么的问题出现了争议。本质问题其实就是老二、老三的排序问题，公司老大是俞敏洪，这个大家都没有争议，他是新东方的真正意义上的创始人。不过对于第

一副总裁和第二副总裁的划分问题，大家有了异议，王强和徐小平认为自己的贡献都很大，对新东方都很重要，都想当第一副总裁，不想屈居人下，出任第二副总裁。

当时新东方的股权已经分配完了，几个核心合伙人争的其实是一个面子问题，这个问题及相关的遗留问题，新东方先后花了四年时间，才最终有了一个相对圆满的解决方案。

这些问题，都是创业者需要引以为鉴的。

第五节　早期股权设置不合理，会制约公司发展

所有的创业公司，早期基本都缺钱，这使资本的力量无比重要，在同创业者的谈判中居于优势地位。直接以出资比例来确定股权比例的做法，在现实中比比皆是。

我身边有朋友创业就是如此，自己出资 40 万元，找人投了 60 万元，他们的股权分配方案为 40%、60%。可谓是简单、直接、高效、粗暴！

更有甚者，有些外部出资者只是出资，不在公司负责任何具体事务，也不出任任何职务，同样按出资比例享有公司股份。

还有更极端的情况，我看到有一些所谓的创业公司孵化器或是投资人，要么趁公司创始人急需资金，要么是看他们不懂游戏规则趁火打劫，象征性地投资几十万元，就主张半数以上的股权。更有人，还固守着"谁投钱，谁是老大"的陈旧观念，投个百十万元，就要求 70% 的绝对控股权。

这种股权设计会对公司的成长造成严重制约，主要表现在以下几点。

第一，创始人心里越来越不平衡。

创始人永远是创业公司的主导，尤其是其他投资人不参与公司具体事务的情况下。当创始人由于资金窘境而将股权大头让与投资人时，随着公司业务的开展，投资人会逐渐发现自己终日忙得焦头烂额、心力交瘁，为公司事务付出了几乎全部的精力和时间，最后却成了小股东，是在为别人作嫁衣。

这会让创始人产生一种挫败感，心理不平衡，产生一种打工心态，不利于创业公司的发展。

第二，后续投资人进不来。

过于僵化的股权设置，往往没有了股份的空间。创业公司再想引起其他合伙人和投资人，也没有了操作余地，因为没有股权可出让。当然这种主要出资人而不是创始人占大头的股权分配，也会让专业正规的投资机构止步，等同于将优秀合伙人与后续机构投资人进入公司的通道都给堵上了。

"出大钱，占大股"的根源在于创始人融资谈判时的底气不足，在于创始人的不自信，致使他们在资本的面前没有讨价还价的砝码，容易低头让步；也在于投资人的鼠目寸光和格局狭隘，他们根深蒂固地认为手里抓到的股权越多越好。却不知，这是将公司做小甚至是做死的节奏。

第三，无法预留期权池，进行股权激励。

"有恒产者有恒心，无恒产者无恒心"，赋予员工股权，使其变身为股东，同企业命运休戚与共，可有效调动其积极性，实现企业组织自动自发运转，最大程度激发人力资源潜能，其威力堪比核动力（见图3-5）。

图 3-5　企业操心机制

公司有多少股东，就有多少人为公司操心。所以，公司步入正轨后，对普通员工的股权激励正被越来越多的企业提上日程。

对员工进行股权激励的前提是有股份可用来激励，如果创业公司早期就已经将股份分光，而没有预留期权池或预留股份的话，当然也就谈不上股权激励。

第四章

风险防范：
合伙人股权分配的注意事项

股权设计是对公司最根本的分配制度进行动刀，稍有不慎就有可能伤及自身，给公司未来发展制造障碍、埋下隐患，给股东财产造成不可挽回的损失和伤害。

进行合伙人股权分配，要充分考虑到公司的实际情况、可能涉及的法律风险、税务风险、股权代持风险以及合伙人个人、家庭变故可能对公司股权结构带来的消极影响，提前做好预案，将风险限制在一个可控范围内，避免给企业成长带来不可逆的负面冲击。

第一节 股权设计中的婚姻因素风险防范

创业公司的组织形态主要是合伙制企业和有限责任公司，体现出更多的人合性，而合伙人（股东）的婚姻、家庭具有不确定性，这些不确定因素既有可能冲击人合性，还有对创业公司的正常发展产生阻碍。

婚姻因素对股权的影响主要表现在两个层面。

一、事实上的夫妻股东

在实践中，许多民营企业创业之初多为夫妻二人共同打天下，因此公司名义上也为夫妻共同所有，两人都是公司股东。另外，新《中华人民共和国公司法》规定有限责任公司必须要符合"2人以上50人以下"的股东数量要求，一些创业者为了满足这一强制性要求，同时又出于信

任等问题的考虑，通常就将公司注册为夫妻双人股东制，而公司实质上却是只有一人出资、经营。

这种股东结构在夫妻婚姻关系正常存续期间，具有很大优势，股东意见比较容易统一，很少会出现矛盾和经营管理上的意见分歧。

夫妻股东制的风险主要体现在公司债权人要求偿还债务和夫妻离婚诉讼两种情况。首先，夫妻股东对公司债务要承担连带责任，也就是说家庭财产也可能会被拿来追偿，用以偿还公司债务，所以，一旦公司经营不利，出现较大负债时，将会极大地冲击家庭生活；其次，一旦出现夫妻离婚诉讼，将会导致公司股东事实上的分裂，如果离婚后夫妻二人具有理性经济人思维，情况往往还不至于太差，否则如果离婚后的两名独立股东长期处于对峙、博弈的矛盾状态，那么将会对公司发展产生严重阻碍。

因此，如果夫妻双方同时都是公司股东的话，在进行投资之前，最好要采用法定方式将共同财产予以分割，让它成为各自拥有的财产之后再进行投资。

二、股权作为夫妻共同财产

我国婚姻法实行夫妻财产共同所有制，除非双方有特别约定和其他例外情形，否则夫妻关系存续期间的所有财产都是共同共有，这里面当然也包括股权。因此，当公司某一股东离婚时，相应地其股权就会被稀释，其原配偶就会成为公司新的股东，而离婚夫妇间往往存在诸多矛盾，极有可能会打破股东间的和谐氛围。

案例

土豆网创始人夫妻股权纠纷

2005年1月，王微个人出资100万元开始创业，2005年4月，王微打造的视频网站土豆网正式上线。

此后 5 年间，土豆网先后进行了五轮融资，融资金额近 1.35 亿美元，与此同时，创始人王微的股权也被大幅度稀释，截至 2010 年 3 月，身为土豆网董事会主席兼 CEO 的王微持股比例仅为 13.4%。

在此期间，王微和妻子杨蕾维持了将近三年的婚史，因此，尽管杨蕾不是土豆网的创始人，也非公司股东。但由于土豆网的快速发展都是在两人婚姻存续期间，因此王微所持有的土豆网股权当然也是两人的夫妻共同财产。

2010 年 3 月，王微和妻子杨蕾由于性格不合选择离婚，当时上海徐汇区法院仅对两人进行了调解离婚，但并未对夫妻共同财产做出分割。

2010 年 11 月，土豆网正在王微领导下加紧布局上市事宜，11 月 10 日，王微前妻杨蕾突然向法院起诉，主张分割当时的夫妻共同财产，法院于是保全冻结了王微所持土豆网的主要股份，即将 IPO 的土豆网被迫暂停上市进程。

由于离婚官司的干扰，导致土豆网错失最佳上市时机，给公司所有股东都造成了不可挽回的损失。

土豆网创始人夫妻间的股权纠纷甚至催生了一条公司股权安排中的"土豆条款"，它最初源自上海暴雨娱乐公司首席执行官朱威廉的一条微博："听说最近不少 PE 试图在 SA（股东协议）中增加条款，要求他们所投公司的 CEO（首席执行官）结婚或者离婚必须经过董事会批准，尤其是优先股股东的同意后方可进行。"

土豆 CEO 王微看到这条微博后，做出了精辟的注解，"前有新浪结构，后有土豆条款，大伙儿一起努力，在公司治理史上留个名。"

这就是"土豆条款"的由来，它不仅仅是用来保障公司创始人的利益，更是用来保障外部投资者的利益。

在实操中，股权律师通常这样设计"土豆条款"：

本人为_____的配偶，本人确认对_____持有的_____公司股权不享有任何权益（前者为公司的创始股东），且保证不就公司的股权提出任何主张。本人进一步认可，_____履行股权投资相关文件的签署及修订、终止并不需要本人另行授权或同意。作为_____的配偶，本人承诺将无任何条件配合相关必要文件的签署。

在实践中，为了避免股东婚变而损害公司创始人、投资人利益，可酌情做出如下设计。

第一，做好婚前、婚内财产约定。

公司创始人可以考虑同配偶签订婚前协议，明确婚前财产的范围、确立双方婚后财产的使用方法以及采用夫妻财产共同所有制还是个人所有制、确定双方在家庭生活中的义务以及保障相关公司、股东、投资人的权益。

为增强协议的公信力，当事人夫妻双方最好要在投资人的见证或公证处的公正下，商量签署婚内财产约定归属事宜。

需要补充的是，对于夫妻一方婚前出资注册的公司，婚后如果没有对财产归属做出约定，依据《中华人民共和国婚姻法》司法解释三第五条规定"夫妻一方个人财产在婚后产生的收益，除孳息和自然增值外，应认定为夫妻共同财产"。也就是说，由夫妻一方注册公司股权产生的分红，另一方仍然有权分割份额归其所有。因此，夫妻双方做出明确的婚内财产约定就显得非常重要。

第二，在公司章程层面做出规定。

公司章程是公司股东共同一致的意思表示，是公司的宪章，对股东、董事、监事及经理等高级管理人员具有法律约束力，而公司创始人的婚姻关系是否稳定就成了保持公司健康稳定发展的重要前提条件。

因此，可在公司章程中做出明确规定，即创始人的股权系其个人财产出资，所有收益都归其自己所有，其配偶放弃所有权益包括分红权和剩余财产分配权等，同时由其配偶出具声明。

第三，完善公司治理结构。

尽可能完善公司治理结构，可以使公司法人与企业家分别成为两个独立的法律主体，各自以自己的名义独立参与民事活动，享受权利和承担义务，避免公司法人财产与创始人个人财产混同。

这样，当公司创始人面临离婚纠纷时，公司就可以独立于创始人夫妻双方之外，作为第三方民事主体，站在自己的角度维护自身的合法权益。

第四，配偶尽量不要在公司中出任重要职务。

创始人夫妻关系存续期间，一切都皆大欢喜，因为夫妻同心，其利断金。不过一旦夫妻关系不复存在，曾经的夫妻反目成仇的话，很可能会将生活中的矛盾转移到公司经营中来，如果恰好配偶也在公司中担任重要职务，就会对公司的正常经营造成严重干扰。

第二节 股权代持的风险及规避

所谓股权代持，是指实际出资人或股份认缴人（隐名股东），向某有限公司或股份有限公司出资，但不以自己的名义出任该公司的股东，而是通过与他人约定，委托他人（显名股东）作为公司章程、出资证明书、工商登记等法律文件记载的股东，并由被委托人根据约定行使权利、履行义务的一种持股方式。

股权代持，通常是由于以下几种情况所致。

第一，法律规定的某些特定身份或职业主体不能成为公司股东的，例如《中华人民共和国公务员法》《中华人民共和国人民警察法》《中华人民共和国证券法》等规定公务员、警察、证券公司从业人员等不能成为股东，这些人员如果希望投资入股有限公司或股份有限公司，就只

能以股权代持的形式进行。

第二，我国法律明确规定外资在某些行业是受限制或者禁止的，也就是说，外国自然人或外国法人要想进入某些行业领域成为股东，也需要借助股权代持的形式。

第三，《中华人民共和国公司法》对股东人数的上限有规定，公司股东为了规避这些规定往往会采取股权代持的方式将股权集中在某一个或几个人的手中，比如目前非常火的股权众筹投资，为了突破"有限公司股东不能超过50人、股份有限公司股东不能超过200人"的上限，投资者通常就通过委托众筹平台或其他股东来代持股权。

第四，创业公司出于减少因股东离职而造成的频繁股权变更，便由部分管理人员代持股份，从而有利于提高决策效率，减少股权变更的麻烦。

第五，股权代持还有可能是利益输送的一种隐蔽方式，如股权行贿等行为。

关于股权代持的法律效力，《〈中华人民共和国公司法〉若干问题的规定（三）》（下称《公司法解释三》）第二十五条有如下规定："有限责任公司的实际出资人与名义出资人订立合同，约定由实际出资人出资并享有投资权益，以名义出资人为名义股东，实际出资人与名义股东对该合同效力发生争议的，如无《合同法》第五十二条规定的情形，人民法院应当认定该合同有效。"

由这项规定可以看出，我国已经从法律层面正式肯定了股权代持的法律效力。当然，合法并不意味着没有风险，股权代持的风险主要表现在两个方面。

一、隐名股东（实际出资人）风险

隐名股东的风险主要取决于显名股东（被委托人）是否靠谱，风险主要有这样几种情形。

1. 显名股东不按约定移交投资收益

隐名股东投资的目的显然是获取投资收益，因而在股权代持协议中也会有关于投资收益移交的相关约定。在实际操作中，显名股东可能会出于种种因素而不履行约定，拒不移交隐名股东的投资收益。

2. 显名股东擅自处理代持股权

从名义上来看，显名股东作为法律文件登记上的实际股权持有人，是可以对外行使所持有股权的相关权利的。但就私下约定而言，显名股东应当对隐名股东负责，特别是对代持股权的处分应事先征得隐名股东的许可。但由于股权代持协议多是不公开的，因此，显名股东利用自身职务之便，是有可能擅自对所代持股份进行转让、质押而谋取利益的，此时隐名股权的利益就无法得到有效保障。

3. 未经许可滥用股东权利

根据我国法律规定，公司股东权利主要表现在股份转让权、资产收益权、股东会临时召集请求权、参与重大决策权和选择管理者的权利、公司剩余财产分配权等方面，这些权利在某种程度上能够左右公司的控制权，如果显名股东在未经许可的情况下滥用代持部分股权的上述权利谋取一己私利的话，显然会给公司其他股东的正常利益造成损害，当然也包括隐名股东的利益。

4. 隐名股东身份不被认可的风险

前文提到一些不符合法律法规认定的特定人群和职业，如果上述人群铤而走险通过股权代持的方式成为特定公司的隐名股东，则可能存在代持协议无效、股东身份不被认可的风险。

举例来说，小刘是某机关公务员，由于《中华人民共和国公务员法》规定我国公职人员不得经商或者参与任何企业的入股，不能成为企业股

东。但是小刘又想入股朋友老赵的公司，赚取一些投资收益，于是两人就签署了一份股权代持协议，约定由小刘作为实际出资人，小刘的朋友老赵作为这部分股权的代持人。后来，两人因公司发展问题闹了矛盾，小刘想要收回当初的投资，但是老赵却主张当时两人签署的股权代持协议无效，他的理由是小刘作为不适格的投资主体而签订的股权代持协议属以合法形式掩盖非法目的，违背了法律的基本规定，因而无效。

事实上，由于小刘的身份问题，这种股权代持协议确实是无效的，一旦股权代持协议被认定无效，那么代持行为基本上也会被认定不存在，除非实际投资人有其他证据能够证明代持关系。

二、显名股东（受委托人）的风险

在股权代持协议下，显名股东是隐名股东的代理人，这种代理关系可能给显名股东带来的风险主要有以下几种。

1. 可能成为债务追偿的对象

隐名股东作为实际出资人并不体现在公司的股东名单中，而显名股东作为代理人对外而言是公司债务的承担者，因此，自然会成为外部债权人的追偿对象。

2. 事后追偿的风险

有些情况下，隐名股东可能会对显名股东做出的某些决策、行为不予认可，甚至会要求赔偿。

针对股权代持中可能出现的上述风险，创业者、投资人应提前做好风险预警和风险管理。

第一，了解被投资公司是否有主体资格限制。为了规避相关风险，投资人和代持人都应提前了解被投资公司所处行业对于投资主体是否有资格限制。如果有相关限制，则应谨慎而为。如果强行为之的话，则此类协议很可能会因违反法律规定而无效。

第二，确保股权代持协议的严谨无误。股权代持协议是能够证明代持双方关系的基础性法律文件，在拟定时务必要引起充分的重视，严格排查协议可能存在的问题，以确保双方的代持关系不存在法律上的漏洞。

第三，对显名股东的行为做出限制。在股权代持关系中，利益最容易受到损害的是隐名股东，因为其股东权利事实上是由显名股东代为行使的，显名股东代持的不仅仅是隐名股东的股份，而且还有代持部分股权所衍生出的其他权益，因此，其做出的每项行为和决定都会直接影响到隐名股东的根本利益，所以对其行为应该在代持协议中做出明确的规定和限制。

第三节　公司股权设计中的法律问题

公司股权设计须在相关法律规定的框架下进行，以避免法律风险，涉及公司股权的法律法规主要包括《中华人民共和国公司法》《中华人民共和国证券法》《上市公司收购管理办法》《证券交易所业务规则》《信息披露与内容格式准则》《上市公司并购财务顾问业务管理办法》等。

公司股权设计中的常见法律问题有以下几个方面。

一、法律对于股东的认定

股东是股份公司或有限责任公司中持有股份的人，即公司的出资人或称为投资人，股东有权出席股东大会并有表决权，也指其他合资经营的工商企业的投资者。

从主体来看，股东可分机构股东和个人股东。机构股东指享有股东

权的法人和其他组织，包括各类公司、各类全民和集体所有制企业、各类非营利法人和基金等机构和组织。个人股东指的是一般的自然人股东。

为了更利于公司发展，自然人股东通常要具备如下条件：

第一，理念相同，同舟共济。

第二，资源互补、优势互补，取长补短。

第三，各自能独当一面，共同撑起公司。

第四，互相信任，可相互托付。

二、股东资格如何获得

通常来说，股东资格由以下几种方式取得（见图4-1）。

> 第一，出资设立公司取得
>
> 第二，受让股份取得
>
> 第三，获质押权后按约取得
>
> 第四，原始取得
>
> 第五，继受取得
>
> 第六，法院强制执行取得

图 4-1　股东资格的获取方式

以上为股东资格获得的常见方式，但也有例外情况，如果公司章程对此有特殊规定，比如约定，取得股东资格要经过一定程序后才能最终确定，那么就要遵从章程的约定。

三、股东会的职权

股东大会是公司的最高权力机关，股东会由股东选举产生，成员从公司股东中产生,拥有重大事项的决策权,是公司对企业行使财产管理权的机构,有权任命和解聘董事。公司的所有重大人事任免和重大经营决策都必须得到股东会的认可和批准,否则不能生效。

《中华人民共和国公司法》第三十八条规定,股东会行使下列职权:

第一,决定公司的经营方针和投资计划;

第二,选举和更换非由职工代表担任的董事、监事,决定有关董事、监事的报酬事项;

第三,审议批准董事会的报告;

第四,审议批准监事会或者监事的报告;

第五,审议批准公司的年度财务预算方案、决算方案;

第六,审议批准公司的利润分配方案和弥补亏损方案;

第七,对公司增加或者减少注册资本做出决议;

第八,对发行公司债券做出决议;

第九,对公司合并、分立、解散、清算或者变更公司形式做出决议;

第十,修改公司章程;

第十一,公司章程规定的其他职权。

四、股东权利的转让

股东不可以退股,手中股权只可以进行转让。股东权利随着股权的转让而同时转让,股东权利主要包括:

第一,发给股票或其他股权证明请求权;

第二,股份转让权;

第三,股息红利分配请求权;

第四,股东会临时召集请求权或自行召集权;

第五,出席股东会并行使表决权;

第六,对公司财务的监督检查权;

第七，公司章程和股东大会记录的查阅权；

第八，股东优先认购权；

第九，公司剩余财产分配权；

第十，股东权利损害救济权；

第十一，公司重整申请权；

第十二，对公司经营的建议与质询权等。

上述股东权利随着股权的转让而同时转让，不可分开转让。

五、股权激励的法律问题

公司实施股权激励，不仅涉及企业管理和财务问题，还涉及法律层面的问题。

股权激励通常有三种形式（见表4-1）。

表 4-1 股权激励的形式

形　　式	内　　　容
现股激励	是指参照公司股票当前的市场价格确定价值进行激励的股权
期股激励	约定当事人在将来某一时期内以某种方式（购买或赠送）获得一定数量的股权
期权激励	是指当事人在将来某一时期内以某种方式（购买或赠送）获得一定数量股权的权利，当事人可以行使或放弃这个权利

进行股权激励，要注意以下法律风险的防范。

第一，股权奖励需注意工商登记变更问题。股权激励双方签署协议，并不等于被激励对象就成了股东，还需要公司在工商登记中进行记载，进行变更，这样才能正式确定当事人的合法股东身份。

第二，公司进行股权激励要经过股东同意。股权属于股东的财产权，而非公司的财产。因此，公司（同股东不是一个概念）进行股权激励，首先要取得现有股东的许可，而不可擅自做出决定。

第三，明确股权激励的"退出机制"。股权激励的目的是激发员工积极性，提高其忠诚度和战斗力，如果被激励人没有达到公司预定的激

励目标，则股东有权收回股权，这一点需要做好约定。

第四节 公司股权设计中的税务问题

美国的缔造者之一、美国第一任财政部长汉密尔顿有一句名言："死亡和税收，是人生不可避免的两件事情。"

税收问题确实是每一家企业都无法回避的，税费是企业必须支付的一种费用。企业股权设计中的投资入股、股权分配、股权激励以及股权转让等行为，也会涉及税务和税收的问题。

一、股权投资中的涉税问题

股权投资涉及的税费主要有营业税、印花税、企业所得税和个人所得税等，不同类型企业的股权投资税收政策也不尽相同（见表4-2）。

表4-2 不同主体股权投资收入的税收政策

股权投资主体	股权投资税收政策
有限责任公司及股份有限公司	股权投资收益应按照《中华人民共和国企业所得税法》及其实施条例的有关规定缴纳企业所得税，企业所得税的法定税率为25%
个人独资企业及合伙制企业	对外股权投资收回的利息或者股息、红利，不并入企业收入，应单独作为投资者个人取得的利息、股息、红利所得，按"利息、股息、红利所得"应税项目计算缴纳个人所得税，适用税率为20%
有限合伙企业	合伙企业以每一个合伙人为纳税义务人。合伙人是自然人的，缴纳个人所得税；合伙人是法人和其他组织的，缴纳企业所得税
个人	个人取得股息红利及股权转让所得收入，应按《中华人民共和国个人所得税法》及其实施条例的有关规定缴纳个人所得税，税率为20%

二、股权激励中的涉税问题

通过股权激励方式取得的股权，也要缴税，通常来说，企业内部员工个人取得的股权应按公允价值来作为计税成本。

其中也有例外情况，根据国家税务总局国税发〔1999〕125号和大地税发〔1999〕77号文件规定："科技机构、高等学校转化职务科技成果以股份或出资比例等股权形式给予本单位在编正式科技人员个人奖励，经主管税务机关审核后，暂不征收个人所得税。"但如果上述人员转让股权、出资比例的话，则要对其"财产转让所得"应税项目征收个人所得税。

三、赠予股权的涉税问题

接受捐赠所得的股权，须缴纳个人所得税，但也有两种例外情况。

第一，如果个人将股权捐赠给父母、子女、配偶、兄弟、姐妹、孙子女、外孙子女、祖父母、外祖父母，或捐赠给对其承担直接抚养或者赡养义务的抚养人或者赡养人，或者股权所有人死亡，依法取得股权的法定继承人、遗嘱继承人或者受遗赠人，这些情况下的捐赠所得股权，无须缴纳个人所得税。

第二，在企业股权分配改革中，非流通股股东通过对价的方式，向流通股股东支付的股份、现金等收入，也免征个人所得税。

四、个人股权转让中的涉税问题

根据《国家税务总局关于纳税人收回转让的股权征收个人所得税问题的批复》（国税函〔2005〕130号）规定，"股权转让合同履行完毕、股权已作变更登记，且所得已经实现的，转让人取得的股权转让收入应当依法缴纳个人所得税。转让行为结束后，当事人双方签订并执行解除原股权转让合同、退回股权的协议，是另一次股权转让行为，对前次转让行为征收的个人所得税款不予退回。股权转让合同未履行完毕，因执行仲裁委员会做出的解除股权转让合同及补充协议的裁决、停止执行原股权转让合同，并原价收回已转让股权的，由于其股权转让行为尚未完成、收入未完全实现，随着股权转让关系的解除，股权收益不复存在，根据个人所得税法和征管法的有关规定，以及从行政行为合理性原则出发，纳税人不应缴纳个人所得税。"

个人转让股权时，纳税人或扣缴义务人应到发生股权变更企业所在地地税机关（主管税务机关）办理申报和税款入库手续。

五、股权设计中税务筹划问题

税收当然是无可避免的，不过现实中绝大多数企业面对税收时，也都不会听之任之，会采取各种措施，或合法的，或非法的，或是游离于合法非法之间的手段，来减少税务支出。有人说，野蛮者抗税，愚昧者偷税，糊涂者漏税，狡猾者骗税，机敏者避税，精明者节税，真正聪明者会进行税务筹划，企业股权涉及的税收也可以进行有效筹划，以达到合理避税的目的。

案例

股权投资中的税务筹划

一家公司计划出资成立一家全资子公司，预计 2018 年将实现投资收益 5 000 万元，按照 25% 企业所得税比率，需要缴纳企业所得税 1 250 万元。

为了降低税务成本，该公司听从了我的建议，在税收洼地设立了子公司，根据该子公司的经营范围，可享受到当地的税收优惠政策，

最后再由该子公司对某法人股东通过免税股息分红的方式使其股东享受优惠。

　　通过这种筹划，该公司的股权投资涉及的企业所得税预计将会降低15%。

第五节　完善公司治理结构，规范化运作

　　公司治理是研究公司权力安排的一门科学，是站在公司所有者层面，研究如何对职业经理人授权并对其行为进行监督的学问。

　　公司治理结构是由所有者、董事会、经理人（即总经理和高管团队）三者共同构成的一种组织机构，它规定了股东、董事会、经理人和其他利益相关者之间的权利和义务分配，这种三角形结构中上述三者之间形成一个相对稳固的制衡关系。

　　借助公司治理结构，公司所有者委托董事会管理自己的资产，董事会有权决定经理人的聘用、奖惩和解雇，总经理在董事会授权范围内组建执行团队，属受雇于董事会的执行机构。

　　完善公司治理结构，就要明确分配股东、董事会和经理人之间的权利、义务、责任和利益关系，使三者形成制衡关系，推动企业健康发展。

一、股东、董事会、经理人之间如何有效制衡

　　著名经济学家吴敬琏认为，公司治理结构是指由所有者（股东）、董事会和高级执行人员（经理人）三者组成的一种组织结构。完善公司治理结构，就要明确划分股东、董事会、经理人各自的权力、责任和利益，

从而形成三者之间的关系。

这种三角关系是基于两个法律关系：股东大会与董事会之间的信任托管关系和董事会与操盘手之间的委托代理关系。

委托人和受托人之间的利益诉求有着明显差异，其中，股东、董事会（股东代表）的核心诉求基本是一致的，是站在所有者角度考量问题，他们追求的是公司资本的增值和利润的增加，而经理人最终关注的也是个人利益——个人社会地位、声望、收入的增加。经理人的利益诉求，对股东和董事会而言是一种成本支出，这是一种根本上的矛盾，如何化解？除了常规的制度安排，最有效的措施莫过于对经理人进行股权激励，通过股权分配机制的调整，使之同股东、董事会之间真正形成利益共同体。

二、如何协调董事长与总经理的关系

现代公司的治理结构，一般都会设置董事长和总经理，从职责定位上来看，董事长的职责是负责董事会的召集、运作和协调，对董事会的决议执行情况负有检查监督的义务，要负责召集董事会，进行重大事项的筹划、分析和论证；而总经理则要对董事会负责，用来执行董事会的决议，向董事会汇报日常经营情况，并接受董事会监督。

《中华人民共和国公司法》规定，公司董事长是公司法人代表，但对于法人代表的详细职权没有明确规定。另外，相关法律同时又规定公司法人代表应当承担企业债务、纠纷、产品质量等方面的责任，这种模糊的规定，往往导致公司董事长过多干预公司具体事务，给总经理的工作带来困扰，甚至造成矛盾冲突。

对于这种可能发生的隐患，应在公司章程中做出补充说明，理顺两者关系，避免出现相互掣肘乃至内讧的现象。

三、如何界定公司重大事项

在相关法律规定和公司实际运作中，都会涉及公司重大事项的决策，但是具体的界定都比较模糊，在具体操作中，容易出现偏差和矛盾。

如何界定企业重大事项，是一个非常现实的问题，涉及股东大会、董事会及操盘手的职能界定，在公司实践中，通常将以下方面的事务视为公司重大事项：

第一，公司战略规划；

第二，公司重大投资项目；

第三，公司年度预算；

第四，公司大额资金的投入；

第五，公司对外担保和大额贷款；

第六，公司所有变革和重组改制；

第七，公司关键机构调整和重大人事任免；

第八，公司利益分配。

四、股权结构对公司治理结构的影响

不同的股权结构，对公司治理结构有着直接的影响（见表4-3）。

表4-3 公司股权结构对治理结构的影响

治理机制 \ 股权结构	股权高度集中，有股东绝对控股	股权高度分散，没有大股东	股权相对集中，有相对控股股东
激励机制	优	差	良
外部接管市场	差	优	良
代理权争夺	差	差	优
监督机制	良	差	优

经对比，可以发现，当公司股权相对集中，且有相对控股股东或是其他大股东时，对公司治理结构作用的积极发挥，比较有利。

五、如何保护利益相关者的权益

当今，企业的成功不单单是建立在股东意志，也不只是建立在经理人团队的努力之上，而是由财产所有者、人力资本所有者以及其他内外部利益相关者共同决定，因此，有必要在公司治理结构和治理机制乃至股权机制上做出适当调整，以体现相关利益者权益，实现利益均沾。

第二篇

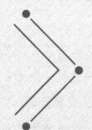

内部股权激励

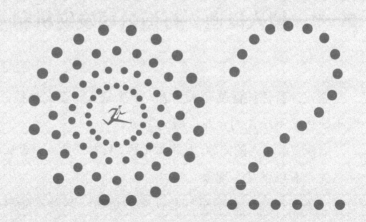

第五章

股权激励：
让员工自动自发为公司卖命

经营企业，关键是经营人，经营人的要旨在于把握人性，然后想方设法去满足人性。老板要时刻问自己，员工为什么要跟着你干？

老板要给员工创造四种机会：赚钱的机会，做事的机会，成长的机会，发展的机会。赚钱的机会，应排在第一。老板做企业，要有分钱的意识，给大家打造一种"发财"的机制，让大家能挣到钱，这样才能一呼百应，应者云集。

发财机制的根本措施不是涨工资、给分红，而是股权激励，将普通员工变为企业股东，这样公司老板与员工才能形成利益共同体，能够同进退，共发展！

第一节　授人以渔：打造公司发财机制

企业经营往往面临两大常态，要么缺人，要么缺钱，要么两者皆缺，既不缺钱又不缺人的企业，极为罕见。

老板要解决人的问题，从根本上讲，只有一条——设计好共同发财机制。

先来看以下几个现象。

现象一：为什么秦军打起仗来敢玩命，帮助秦始皇统一六国，成为千古一帝？

在《史记·苏秦张仪列传》中，纵横家张仪对秦军的尚武精神倍加赞赏："山东之士披甲蒙胄以会战，秦人捐甲徒裼以趋敌，左挈人头，右挟生虏。夫秦卒与山东之卒，犹孟贲之与怯夫，以重力相压，犹乌获之与婴儿……无异垂千钧之重于鸟卵之上，必无幸矣。"

这番话什么意思呢？翻译成白话就是，"山东六国的兵士戴着头盔、身披铠甲投入作战，而秦军则光头赤膊，奋勇向前，左手提着人头，右胳膊下夹着俘虏，追杀敌人，六国的军队和秦军相比，就像小孩儿碰到了大力士……遭遇这样的虎狼之师，任何一支军队都是在以卵击石，必无法幸免。"

秦人如此玩命，事出有因。根据商鞅的新政，秦国的士兵只要斩获敌人"甲士"（敌军的军官）一个首级，就可以获得一级爵位"公士"，得田一顷、宅一处和仆人一个。斩杀的首级越多，获得的爵位就越高。

如果一个士兵在战场上斩获两个敌人"甲士"首级，他的父母如果是囚犯就可以立即释放。如果他的妻子是奴隶，也可以转为平民。

杀敌人五个"甲士"可拥有五户人的仆人。

打一次胜仗，小官升一级，大官升三级。

在这种堪称完美的杀人激励机制之下，杀敌立功就成了秦国平民翻身的唯一砝码，所以我们看到了秦军从上到下，就像火柴遇见了汽油，像一团团烈火，发疯般地烧向敌军，一路所向披靡，灭六国，助嬴政登上大位，君临天下，成为千古一帝。

现象二：为什么中国农民在改革开放后很快就能吃饱穿暖了？

因为农民过去是给生产队工作，给集体干活，所有人吃"大锅饭"，干多干少一个样。在这种机制下，人的惰性被激发，人人都想方设法偷懒，导致集体生产效率低下，粮食产量极低，再加上分配机制的不合理，导致大部分人都吃不饱饭。

改革开放，包田到户后，则完全掉了个个儿，农民是给自己干，干多干少都是自己的，个体隐藏的潜力和积极性被彻底激发出来，极大提高了生产效率，收成也是今非昔比，节节攀升，温饱很快就不再是问题。

现象三：为什么老板们在没有上级监督的情况下，仍然起早贪黑、无怨无悔，醉心于自己的事业？

企业运营，不过是钱和人，钱和人之间的关系又无外乎这几种

（见图 5-1）。

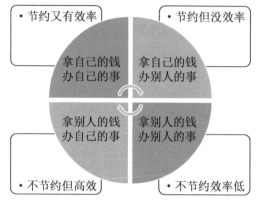

图 5-1 钱和人关系的四种模式

为什么老板会起早贪黑、无怨无悔、全力以赴服务于公司，忠于事业，就因为他们是在拿自己的钱给自己办事，是在为自己赚钱。

对于老板来说，工作已经成为一种信仰，所有的坎坷羁绊都要为此让路，付出再大的代价也在所不惜。因为，他们是在为自己赚钱。

现象四：为什么员工能够披星戴月、废寝忘食、魂牵梦绕、全力以赴？

并不是他们的主人翁精神有多强，而是因为通过努力工作，老板能让他们收获自己想要的收入、职位、梦想和荣誉。

秦军为什么拼命？为了土地、爵位；

包产到户后的农民为什么干劲十足？为了温饱、富足；

老板为什么拼命？为了赚钱、事业；

员工为什么拼命？为了赚钱、地位；

……

人都是务实的，都是自私的，都是趋利的！

经营企业，关键是经营人，经营人的要旨在于把握人性，然后想方设法去满足人性。

马云有番话讲得很到位：

员工的离职原因很多，只有两点最真实：

第一，钱，没给到位；

第二，心，委屈了。

老板要时刻问自己，员工为什么要跟着你干？

老板要给员工创造四种机会（见图5-2）：赚钱的机会，做事的机会，成长的机会，发展的机会。

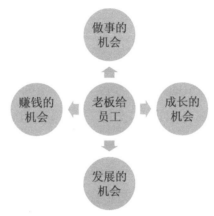

图 5-2　老板要给员工创造四种机会

赚钱的机会，应排在第一，你必须要给员工足够的养家糊口的钱，让他们在工作中得到实惠，在此基础之上，再谈其他，否则整天讲什么"授人以鱼，不如授人以渔"都不过是糊弄人的鬼话。

老板做企业，要有分钱的意识，给大家打造一种"发财"的机制，让大家能挣到钱，这样，才能一呼百应，应者云集。

遗憾的是，很多人意识不到这一点。我看到很多企业老板，时常挖空心思设计绩效考核制度，明面上，他们自称是为了激发员工干劲，其实心里面有自己的小算盘，生怕员工拿到的太多，亏了自己。老板大多都是制定绩效考核制度的能手，现实中更司空见惯的是，绩效考核措施从无定型，朝令夕改。这必然会导致人心浮动，员工徘徊不定，忠诚度不高，归属感不强，这山望着那山高，一旦有人以更高的待遇伸来橄榄枝，他们立马会动摇。

发财机制的根本措施不是涨工资、给分红，而是股权激励，将普通

员工变为企业股东，这样公司老板与员工才能形成利益共同体，能够彼此共进退、共发展。

第二节 建立合伙人事业，让员工告别打工心态

2001年，正是微软公司如日中天的时候，当时有记者采访比尔·盖茨，问在这个世界上你最害怕的竞争对手是谁？盖茨的回答是——高盛。

全球看美国，美国看白宫，白宫看华尔街，华尔街看高盛。对于金融界人士来说，这早已是一条不成文的"军规"。如今，在白宫、美国财政部、纽约证交所……随处可见高盛帮的身影。甚至，林肯那句有关政府"民有""民治""民享"的名言，正被演化成了"高盛有""高盛治""高盛享"，美国媒体也戏谑地叫它"高盛政府"，而不是"高盛公司"了。

高盛的能量，由此可见一斑。

高盛，拆字来解，称为高高在上、盛气凌人，或许更为恰到好处。

让高盛上百年屹立不倒、叱咤世界的法宝之一，称得上是其"一荣俱荣，一损俱损"的合伙制了。

高盛每两年举行一次合伙人选拔，这个选拔周期长达7个月，员工更是将之当作总统选举一样的盛事来对待。高盛遍布全球的3万余名员工都想成为1 200名中层中的一员，而1 200名中层员工又个个想成为300名合伙人之一。而这300人，不仅可以享受高达60万美元以上的年薪，还可以参与公司分红。

高盛的合伙人机制很好地保证了所有高盛员工一面努力赚钱，一面对共同利益进行高度监督。正如一名高级合伙人所说："没有人会去清洗一辆租来的车。成为合伙人的梦想是一种无与伦比的激励力量，也是

吸引最优秀人才的巨大诱惑。"

这就是合伙制所带来的归属感，也是合伙制的核心优势所在，成为合伙人，意味着终身雇用，意味着和公司紧密捆绑，利益共享，生死与共，既能分享公司收益，也要充分履行主人义务。

如今，以"利益共享"为核心的合伙人制度，在国内也开始风生水起（见表5-1）。

表5-1 国内知名企业的合伙人制度

小米合伙人	小米是近年来异军突起的互联网公司，让小米冲天而起的除了雷军的互联网思维，还有他独特的人才秘诀就是培养了一批事业合伙人！不需要KPI，组织平扁化，提高运营效率
华为合伙人	华为成功的秘诀是实行合伙人管理模式超过10年，8.6万名核心人才成为公司事业合伙人，2015年开始发展全球合伙人持有公司的虚拟股份
万科合伙人	2014年5月第一批1320名核心员工成为公司的事业合伙人！万科总裁郁亮称："职业经理人制度已死，事业合伙人制度是必然趋势！"

合伙人制度的关键在于，以合伙人运营管理系统为核心，将所有核心骨干都视为公司事业的合伙人，每个人的价值贡献进行量化，用品牌分来衡量员工对公司的业绩贡献和文化贡献，建立合伙人品牌分账户，建立虚拟合伙人股份机制，对员工绩效实行数据化管理，使员工与公司形成利益共同体、事业共同体、命运共同体，彻底解决员工打工心态问题，让员工为自己的合伙人事业奋斗。

让员工告别打工心态，建立合伙人事业，成为企业的主人。马云一直进行着这项努力，阿里巴巴也一直在坚持合伙人制度。

阿里合伙人制度

阿里精神其实就是以马云为核心的合伙人精神：从1999年马云创办阿里巴巴以来，公司最早一批创始人以及后来的管理层，一直秉承合伙人精神。

2010年7月，为了保持公司的这种合伙人精神，确保公司的使命、

愿景和价值观的持续发展，阿里巴巴决定将这种合伙人协议正式确立下来，取名"湖畔合伙人"，取自马云和其他创始人创立阿里巴巴的地方——湖畔花园。

第一，阿里巴巴合伙人资格认定。

马云和蔡崇信为永久合伙人，其余合伙人在离开阿里巴巴集团公司或关联公司时，即从阿里巴巴合伙人中"退休"。每年合伙人可以提名选举新合伙人候选人，新合伙人需要满足在阿里巴巴工作或关联公司工作5年以上；对公司发展有积极的贡献；高度认同公司文化，愿意为公司使命、愿景和价值观竭尽全力等条件。担任合伙人期间，每个合伙人都必须持有一定比例的公司股份。

第二，合伙人的提名与选举。

阿里巴巴合伙人的产生分提名和选举两部分。新增合伙人至少由3位现有合伙人提名；投票时，到场人数不得低于合伙人总人数的75%，未到场的视为反对，不允许弃权；新合伙人必须获得全部合伙人人数75%的赞成票才算通过。

此外，阿里的合伙人制度还具备以下优点：

（1）用合伙人制度来防止"大公司病"，阿里称合伙人制度能够保证高层管理者之间的合作，克服官僚体系及等级架构；

（2）阿里目前有28位合伙人，其中有22位公司管理层，以及6位来自关联及下属公司；

（3）与美国流行的双层所有权架构不同，即投票权高度集中于少数创始人手中，阿里合伙人制度分散到更多的高管成员中，阿里称这样的好处是既能保持公司价值观，又能考虑到合伙人退休后的更新换代。

马云在致阿里人的一封信中，曾写道：

"人总有生老病死的那一天。阿里巴巴的创始人有各种原因会离开这家公司。我们非常明白公司能走到今天，不是18个创始人的功劳，而是他们创建的文化让这家公司与众不同。大部分公司在头去创始人文化以后，会迅速衰落蜕变成一家平庸的商业公司。我们希望阿里巴巴能走更远。

怎样的制度创新才能实现我们的梦想呢？从 2010 年开始，集团开始在管理团队内部试运行'合伙人'制度，每一年选拔新合伙人加入。合伙人，作为公司的运营者、业务的建设者、文化的传承者，同时又是股东，最有可能坚持公司的使命和长期利益，为客户、员工和股东创造长期价值。

我们建立的不是一个利益集团，更不是为了更好控制这家公司的权力机构，而是企业内在动力机制。这个机制将传承我们的使命、愿景和价值观，确保阿里创新不断，组织更加完善，在未来的市场中更加灵活，更有竞争力。这个机制能让我们更有能力和信心去创建我们理想中的未来。"

阿里的合伙制度兼顾了效率与公平，这里所言的合伙制、合伙人，不同于创业公司的合伙人、合伙制。这里所讲的"合伙人"并不像合伙企业中的合伙人一样，需要对企业的债务承担连带责任，而是指高度认同公司文化、加入公司至少 5 年的特定人士（主要是公司的资深高管）。

有了合伙人，才有同盟军，有共同前行的伙伴，一起出生入死，一起爬雪山、过草地。当然，作为回报，也要让合伙人享受到对等的收益。

合伙人管理模式必须将利益分配和福利待遇、晋升发展与合伙人品牌分账户挂钩，建立科学的价值创造和利益分配体系，将短期利益和长期利益（晋升、加薪、分红、虚拟股份激励等）结合起来，培养员工合伙人精神，提升组织竞争力。

从普遍意义上来讲，建立合伙人事业，不仅仅能够让员工告别打工心态，还能带来一连串的后续积极效应。

（1）可提升组织执行力。通过合伙人品牌管理激励系统，能培养核

心员工的事业心、主人翁精神，能使公司制度和文化有效落地。让核心员工操心，必须让核心团队操心，才能让老板放心。

（2）可明显提升员工忠诚度。极大提高员工忠诚度，提高工作效率，员工工作效率至少提升 20%，减少冗员，挖掘员工的智慧，提升员工奉献精神，人人都是事业的主人。

（3）大幅度提升企业利润。建立科学的价值创造体系和利益分配体系，激发员工不断提升业绩，提升收入，公司提升利润。

对于实操中的合伙机制，这里我也简单介绍几种（见表 5-2）。

表 5-2　合伙机制的主要类型

合 伙 机 制	阐　　述
项目跟投合伙人	也就是常见的万科模式，分公司核心团队跟投项目，员工出资比例控制在 5%，不同级别员工投资限额。这种模式属于临时投资型合伙，项目结束，合伙人团队解散。所以，激励效果有限，容易造成员工投机行为
干股分红合伙人	对于高级人才奖励合伙人股份，包括研发类骨干人才、销售类骨干人才、核心管理骨干人才等。这种操作模式只聚焦高层员工，对于中层和基础骨干的激励不足，失败率很高，激励效果有限
小湿股合伙人	公司分配一定额度的分红权，作为合伙人奖金池，让核心员工出资购买分红权，员工离开后合伙人股份自动失效。这种操作模式容易造成员工坐享其成，搭便车，造成内部不公平，所以激励效果有限，失败率最高
连锁加盟合伙人	适用于连锁药店或医院、连锁幼儿园、连锁服装店、连锁地产中介、连锁培训机构。店长与核心骨干员工成为公司合伙人，公司为优秀合伙人设立合伙人虚拟股份或创业基金，有利于公司留住人才和公司业务扩张
品牌资源平台合伙人	多用于分公司、事业部的合伙人变革，成为核心员工和管理团队成为事业合伙人，公司作为平台，提供品牌和资金支持，统一战略方向，合伙人与公司共担风险，共享利益
销售渠道合伙人	互联网时代，传统的代理模式必死，碎片市场垂直渠道代理才是出路。必须让核心销售人才，如大区销售经理作为公司区域合伙人，取代大区代理商直接服务碎片垂直市场客户，让核心销售人才成为合伙人，让销售人才在公司平台创业，成为小老板，公司做大老板。这是变革的必然趋势，引爆员工动力，公司业绩倍增
全员合伙人	员工不必出资，但必须出力，可采取华为工分制的优化工具——品牌分衡量员工的业绩贡献和文化贡献，根据贡献品牌分奖励合伙人虚拟股份。适合中小型企业建立全面的激励系统，建立全员合伙人制度，实现五级合伙人。这种模式成为合伙人品牌分运营管理模式

第三节 股权激励：让员工自动自发为公司卖命

在深圳华为总部有一间神秘的密室，密室中的玻璃橱柜中放置了 10 本厚厚的蓝色册子，这些册子里记录着 8 万余名华为员工的姓名及其他个人信息，据英国《金融时报》报道，这些员工持有华为 99% 的股票。

华为实施的全员持股制，让员工的人力资本同企业的命运紧密关联起来，形成良性互动、良性循环。员工获得股权，参与公司发展，享受公司分红，实现了公司发展和个人财富增值的双重成长。

华为的员工持股制，在法律层面受到保护，《华为基本法》中有以下条款。

（1）华为主张在顾客、员工与合作者之间结成利益共同体。

（2）努力探索按生产要素分配的内部动力机制。

（3）利用股权的安排，形成公司的中坚力量和保持对公司的有效控制，使公司可持续成长。

（4）我们实行员工持股制度。一方面，普惠认同华为的模范员工，结成公司与员工的利益与命运共同体；另一方面，将不断地使最有责任心与才能的人进入公司的中坚层。

（5）我们实行按劳分配与按资分配相结合的分配方式。

事实证明，全员持股是华为获得可持续发展和巨大成功的最主要原因。

股权激励是企业激励的高级阶段，直接给员工分股份，也是衡量老板格局和胸怀的最高准绳。完善的股权激励机制是实现企业家经营梦想的终极王牌，它是让员工发自内心地忠诚奉献、主动承担责任的真正动力。

小公司的股份制改造

这是一个老板的自述：

"我 2002 年创业，以前是一个非常传统的开工厂的小老板，跟今天这个样子完全不一样，这个变化也是近两年的变化。

我先讲一下 2004 年发生了什么事情。那一年，我们实际上刚创业两年，公司还比较小。我们的营销总监突然就走了，我怎么留都留不住，后来发觉他在外面成立了一家跟我一模一样的公司。那个时候我很伤心，甚至有些恐惧。

实际上很多公司都会出这样的事情，但他是很关键的一个人。因为当时我们国内营销的 80% 都是他的团队来做的。所以他觉得你有什么了不起，你自己当老板，我们就给你打工？他觉得事儿都是他做的，所以他就自己成立了一家公司。

你会发现遇到这种事情，比你遇到一个非常强大的对手还要可怕。

为了不让这种事情再次发生，我想我要创造一种制度。要按我们原来的做法呢，成立一个车间把它做出来就是了。但是因为出了前面这个事情，我就在想，能不能利用这个项目，把我们剩下的几个高管给团结起来？

我就把他们几个叫过来跟他们说，芬尼克兹我们投了 50 万元就做起来了，也挣钱了。大家千万不要小看 50 万元，50 万元创造了很多伟大的公司，比如说阿里巴巴。终于六个人中有四个同意了我这个方案。其中有一个人投了 10 万块钱，我就让他当了总经理，另外三个人各投了 5 万块钱当股东。剩下两个人始终不加入，这两个人后来后悔了一辈子。

我印象中第一年做了 400 多万元的业务额。实际上是一个很小的业务，但是利润大概有 100 多万元。到年终的时候怎么分钱？当时那两个人一直不加入，我就想我一定要让那两个人后悔一辈子，

所以我就决定至少分一半，大概分了 60 万元。

……

　　所以这个方法用好了以后呢，你会发觉本来需要投资很大的公司，就变得投资很小。实际上对里头所有的投资人，都是有好处的，整个公司的风险就下来了。而且员工投入进去以后，他会拼命工作。"

普通员工和股东的区别，这个案例讲得很清楚了。

"有恒产者有恒心，无恒产者无恒心"，赋予员工股权，使其变身为股东，同企业命运休戚与共，可有效调动其积极性，实现企业组织自动自发运转，最大程度激发人力资源潜能。将雇员变成股东，不断为公司发展注入核动力，将会给企业带来核裂变式的成长。

当然，股权激励不是"万能药"，给股就灵。实际上，股权机制本身就是一把"双刃剑"，用好了它是企业发展的核动力；搞砸了，它可能会伤害到企业根本。

第四节　股权激励的前提与常见模式

2010 年 1 月 19 日，在给员工的一封邮件中，马云写道："我们认为没有所谓最好的薪酬。阿里巴巴永远不会因为竞争对手和行业的做法而加薪，这只会引发恶性竞争和不健康的行业格局。阿里巴巴的薪资水平总体是合理的，有竞争力的。除了合理的基础收入，我们希望所有阿里人能够公平分享公司成长带来的财富，我们仍然实行奖励期权政策，同时各子公司也已开始制订各自的股权激励计划。"

在谈到加薪问题时，他的主张是："我们的加薪政策会继续向普通员工倾斜，公司高管把加薪机会留给普通员工。公司副总裁及 P11 以上

级人员全部不参与加调薪，M4、M5、P9、P10只是对于特殊情况调薪，如晋升、历史遗留问题等。"

马云的邮件，有这样两句话引起了我的注意：

"我们希望所有阿里人能够公平分享公司成长带来的财富。"

"我们的加薪政策会继续向普通员工倾斜。"

真是有担当的老板，格局宏阔，心系员工。话说回来，真正实现让所有员工公平分享公司成长带来的成果，不能依靠老板和领导的一时兴起、一时头脑发热，必须要有一套规范的分配机制来约束调节。

分配机制是一家公司的核心机制，要由老板和中高层来商定。在制定分配机制之前，相关参与人务必要弄清以下几个问题（见图5-3）。

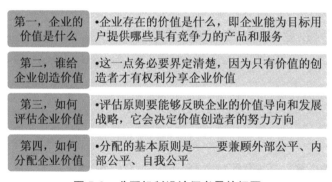

第一，企业的价值是什么	•企业存在的价值是什么，即企业能为目标用户提供哪些具有竞争力的产品和服务
第二，谁给企业创造价值	•这一点务必要界定清楚，因为只有价值的创造者才有权利分享企业价值
第三，如何评估企业价值	•评估原则要能够反映企业的价值导向和发展战略，它会决定价值创造者的努力方向
第四，如何分配企业价值	•分配的基本原则是——要兼顾外部公平、内部公平、自我公平

图5-3　分配机制设计须考量的问题

股权激励是企业根本层面的分配制度变革，只有处理好以上四个问题，才能真正发挥股权激励的作用。

股权激励被誉为公司送给员工的一副"金手铐"，这一比喻形象地说明了股权激励制度对员工既可以产生激励作用，同时也有相应的制约机制。股权激励对企业的影响，从长远来说是积极和正面的，使企业能够更好地吸引并留住核心人力资本，充分刺激和调动员工积极性和创造力，有效降低企业经营成本，提高企业运营效率和利润。

股权激励对公司原有股东的影响主要表现在以下几点。

第一，股权被稀释。股权和期权授予新员工必然会使现有股东的股

权被稀释，公司原本相对集中的股权也会变得分散，现有股东对公司的控制权会在一定程度上受到削弱。

第二，促使公司走向透明化、民主化。根据公司法规定，公司股东不论持股多少，都依法享有资产收益、参与重大决策和选择管理者等权利。具体表现在：股东会表决权、查阅公司章程、文件和财务报告、会计账簿的权利、分红权，以及对其他股东出让股权的优先认购权等诸多权利。

股东数量的增加必然会促使公司经营管理变得越来越规范、透明、民主，现有股东及其代理人对公司的经营管理也会受到必要的监督。

第三，会带来潜在的风险。股权激励带来的是更多的股东、更分散的股权，随之而来的是更复杂的股东背景，他们对公司的经营、发展理念可能会存在分歧，股东间由此出现矛盾并引起纠纷的风险会大大增加。

因此，为了充分规避风险，并使股权激励发挥应有的作用，通常要求实施股权激励的企业须具备如下几个条件。

一、完善的公司治理结构

企业在考虑实施股权激励之前，要分析企业的公司治理结构是否完善，公司股权结构是否相对清晰，股东是否互相信任，是否具备团队精神；否则，应谨慎进行股权激励。

二、清晰的公司发展战略

公司应有明确而详细的未来发展战略，且公司现有股东和中高层管理人员对公司战略能够高度一致认可，因为股权激励是一项长期激励，其周期短则三五年，长则可能十年左右。如果公司不具备清晰的未来发展战略，并将这种战略所能带给员工的预期利益传达给员工且使之深信不疑，那么股权激励将很难奏效。

三、稳定的组织架构

对普通员工的股权激励有一个基本前提，即企业的组织架构应在一定的时期内保持基本稳定。如果企业尚处于发展的初级阶段，组织架构尚不完备，或者处于变革时期，组织将面临重大调整时，则不宜进行股权激励。

四、具有完善的激励体系

从本质上来看，股权激励仍然是员工激励的一种方式，属于长期激励方式。因此股权激励需要同公司现有的包括薪酬、绩效、奖金、福利等在内的中短期激励进行有效对接，这就要求企业要拥有完善的人力资源管理体系、薪酬体系、福利体系和相应的考核机制。

第五节 经理人股权激励实操要点

现代企业职能分工趋势越来越明显，老板（股东）拥有企业的所有权，外聘的管理团队负责公司的日常经营，这就是现代企业治理的两权分立。

这种委托代理关系，本质上仍是一种雇用关系，操盘手扮演的不过是高级打工者的角色。在这种关系下，老板和经理人之间存在着一种天然的矛盾，老板最大的担忧是操盘手不能像自己一样对公司尽心尽力，倾注全部心血，老板的担心不无道理，企业经营上委托代理关系通常会带来两大问题。

首先，会导致信息不对称。伴随着经理人的介入，老板就退出企业经营一线和管理实践，进而就无法即时掌握来自企业一线的关键信息，也无法根据企业实情做出准确而合理的判断与决策。其信息来源主要依靠经理人的汇报，而老板坐镇后方就只能依据经理人提供的二手信息对企业竞争状况进行总体评判。

由于诉求不一致，经理人往往会站在自己的立场有选择性地对老板进行汇报，或者为了达到某种目的，或进行某种误导，进行歪曲性的信息提供。

其次，会带来契约不完全。老板和经理人的委托代理制建立在委托契约之上，而契约再完美、再详尽，也不可能将所有在未来委托合作中可能出现的未尽事宜和突发情况都囊括在内。因此，即使经理人在委托代理过程中出现一些失误，老板可能也无法完全按照契约去追求其责任。

基于以上问题，委托代理制很可能会给老板带来一些不可控的风险，而经理人为了规避风险、避免过错，也会有意无意地抱着"不求有功但求无过"的心态，顺利履行满合同约定的期限，一旦合约到期就另谋出路。

更为严重的是，经理人为了给老板提交一份短期的满意答卷，往往会大力主导一些见效快的项目，对一些契约规定之外的事项或企业战略规划就会睁一只眼闭一只眼，从而错失战机。更有一些人，利用自身职务之便，对老板行欺瞒之事，损害公司利益。

如何化解这种矛盾呢？

最佳方案是对经理人进行长期激励，即股权绑定，使老板、公司、经理人的利益合而为一，避免伤害企业的短期性行为。

一、直接给股份

给予经理人股权是最简单直接的激励方式，主要操作方式如图5-4所示。

直接给予股权是一种最有效的激励方式，时效也长，将经理人由打

工者变身为公司所有者，有利于公司长远发展。

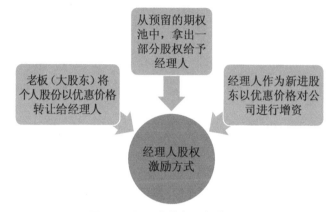

图 5-4　经理人获得股权的方式

二、间接持股

老板（股东）另外成立持股平台（公司），由持股平台对目标公司进行持股，这样就可以在新的持股平台层面，对目标公司经理人进行股权激励。企业的实际控制人可以通过适当的股权设置，以 51% 股权控制该平台，进而间接达到控股目标公司的目的，对于控股权之外的数额，可以酌情对经理人进行股权激励。

三、股份代持

这种情况多发生在初创公司，公司创立时，经理人也会出资购买公司的部分股权，这部分股权由公司的实际控制人（创始人、大股东），双方之间签订《股权代持协议》约定股份占有比例，而不在公司工商登记信息明示。

2011 年通过的《中华人民共和国公司法》司法解释三，对于这种股权代持关系的合法性予以了肯定，保障了被代持方的合法权益。当然，

由于被代持股东并未位列股东名册,也就不能通过股东大会来行使股权。

根据《中华人民共和国公司法》规定,被代持的实际股东只有经过其他半数以上股东的同意,才能变身为公司的工商登记股东,享有股东的全部权益。

四、期权激励

期权激励是指股份有限公司与承诺公司操盘手,可以在一定期限内(即股份期权的有效期)按固定的价格(即行权价格)购买一定数量的公司股份。

第六节 骨干员工股权激励实操要点

老板最大的担心,同时也是最大的悲哀,莫过于亲自为自己培养竞争对手。一旦核心员工学有所成、羽翼丰满,又不能从老板身上争取到自己想要的利益,他们就极有可能跳槽到竞争对手公司,甚至另起炉灶,原则性比较强的会恪守竞业禁止原则,道德底线低下者,则会跟老板对着干,分食行业蛋糕。

这种状况的发生,并不能全归责于员工,人都有趋利性,员工主张利益无可厚非,如果老板不能从利益上去满足他们的需求,双方分道扬镳是迟早的事。

老板和员工是对立统一的关系,也是一个筹码交换的关系,随着员工能力、经验和业绩的不断提升,双方之间的筹码也在此消彼长,老板在必要的时候要予以让利,只有跟核心团队和骨干员工实现紧密的利益捆绑,你才能攫取更多的财富,打造更稳固的雇用关系。

公司股权激励的核心，就在于将对人力资本价值的重视提高到空前的高度，实现从经营产品到经营人才的思维转变，通过股权来实现公司和骨干员工的绑定。

案例

乔致庸的股份制改革

电视剧《乔家大院》是根据真人真事改编的历史剧，描写的是一代晋商乔致庸弃儒经商闯天下的奋斗历程。

乔致庸旗下的复字号，有一个特别能干的伙计名叫马荀。一天，马荀突然向东家递交辞呈，乔致庸看其是个人才，不愿放他走，又不明就里，于是就请教师爷孙茂才。

孙茂才的一番解释让乔致庸豁然开朗，原来，学徒进入商号一般要经过四年的学习、历练，方可出师。让东家们头疼不已的是，学徒出师后一般都会选择离开，尤其是那些才干突出者，他们要么由于不满待遇而自行辞职，要么被其他掌柜高薪挖走。所以，票号人才流失在当时是一个相当普遍的问题，东家尽管不情愿，却也无可奈何。

乔致庸惜才，为了挽留马荀，就设宴款待，在饭桌旁面对东家的邀请，马荀不肯落座，他称："这是店里的规矩，掌柜们吃饭，伙计们都得站着。"这一细节，让乔致庸更加欣赏马荀的人品，同时也说明了伙计与东家之间的尊卑关系。

酒桌上，马荀借用《史记·货殖列传》中的"天下熙熙，皆为利来"道出了自己想要离开的真正原因，他解释说徒弟出师后往往都要离开，因为别的掌柜给的薪酬更高，同时他也提出了掌柜很少辞号的两个理由：

首先，掌柜的薪酬很高，一人能顶上十几个甚至几十个伙计的收入；

其次，掌柜有身股，可以拿到丰厚的红利。

马荀很是憧憬地说，如果自己也能得到这些银子和分红，那么一家老小的吃喝用度就不用再发愁了，还能买房置地。

了解内情后，乔致庸做出了一项破天荒的规定：今后学徒满四年出师后，愿意留下做伙计的，一律给予一厘身股。如果相应账期的分红总计1 000两的话，那么一厘身股可以得到100两银子的分红。

此招一出，马荀的辞职风波得到彻底化解，还稳定了其他伙计和学徒的心，彻底留住了人才，得到身股的伙计们无不为东家的生意殚精竭虑。此后，乔家的买卖愈加蒸蒸日上，这是与东家的分股、伙计的齐心分不开的。

乔致庸通过身股制改革，实现了同伙计们的紧密利益捆绑，保证了伙计的忠诚，从根本上避免了优秀人才流失的问题。

企业之间的竞争，从某种程度上讲，就是一场人才争夺战。如何抢夺人才，最彻底的方式就是进行股权捆绑。

李彦宏创业前，在美国就是一个公认的技术高手，据说在搜索引擎技术方面，他在全世界可以排前三。1999年，李彦宏拿到第一笔120万美元的风险投资后，所做的第一件事就是网络国内各领域的顶尖人才加入自己的团队，他先后邀请国内第一款搜索引擎——北大天网的研发者刘建国、用友公司原副总裁朱洪波、普华永道的亚洲区合伙人王湛生、凤凰卫视的著名节目主持人梁冬加入自己的高管团队，这些高管不仅有高薪，而且有股权。

据悉，雷军当初为了邀请一个硬件工程师加入小米的创业团队，连续跟他谈了10个小时，对方都快虚脱了，最终成为了小米的合伙人。双方谈的是什么，除了公司前景，我想最核心的恐怕就是未来的利益分割和股权划分。

而雷军显然不乏这种分股分利的格局，"雷总创办小米的时候，心

态很平和、很开放。在做小米之前，他是中国最著名的天使投资人之一，不缺钱不缺名。不管大家相信不相信，他做小米是梦想驱动的，就是他想做一个足够伟大的公司，一件足够伟大的事情。所以在这种时候，从合伙人到我们核心员工，都给了足够的利益上的保证、授权和尊重。"这是小米合伙人的原话。

再看蔡崇信，他原是瑞典银瑞达集团的副总裁，拥有多年华尔街工作经历，当时从香港飞赴杭州会见马云，原本是为了投资阿里巴巴，而在和马云深入交谈了一番后，这个拥有耶鲁大学经济学及东亚研究学士学位、耶鲁法学院法学博士学位的中国台湾人，竟做出了一个让人感觉很疯狂的决定——他要放弃 70 万美元的年薪和副总裁的职位，加盟阿里巴巴，拿 500 元月薪。我们知道这只是让人津津乐道的表面现象，事实上，马云给予了蔡崇信丰厚的股权许诺，截至 2016 年 3 月 31 日，经过无数轮稀释后，蔡崇信在阿里巴巴的持股比例依然有 3.2%，从绝对值上看不是很高，但乘以阿里巴巴的天价市值，那就是一个天文数字了。

这些企业都不是做大做强之后才开始做股权激励的，恰恰相反，他们是通过股权激励一步步将企业做大，通过股权赋能，留下了核心的顶尖人才，从根源上避免了"走了人才，留下庸才"。

赚小钱靠个人，成大业要靠团队。企业股权激励的核心出发点在于将老板个人梦想转化为核心团队和骨干员工的梦想，大家才能同舟共济，为共同的梦想而战。

第七节　全员分红的适用性分析

有的企业在正常的薪酬之外，推行全员分红制，分酬按劳，分红则按利润。其中，薪酬是企业人力成本的组成部分，而红利则是经营的税

后利润，全员分红，则是企业从经营红利中酌情提取一部分，结合绩效考核，来按比例奖励到每一个员工身上。

既然是全员分红，就要覆盖到企业所有成员，哪怕是扫地的员工也不要遗漏。

全员分红，让老板爱恨交加，恨的是，给员工分红无异于从自己身上割肉；爱的是，一旦他们品尝到全员分红的魔力，就会乐此不疲地去推进。

全员分红，能够从人性的角度根本性地解决企业运营管理的诸多难题。

第一，借分配制度解决人力资源难题。企业人力资源管理，都会面临引人、考勤、绩效、贡献界定、团队配合、工龄评估、劳动关系稳定的难题，如果在这些领域中导入分红要素，则会让上述难题迎刃而解。

第二，让员工自动自发，为自己的利益而战。世界是物质的，人首先是物质的，你的员工更是彻头彻尾的物质动物。全员分红机制，能够彻底调动员工积极性，实现自动自发，打造自动运转的组织，真正实现以人为本，全员发展，全员获利。

第三，激发起全员的"节约、创收"意识。全员分红多是基于企业利润，或是利润的增加额，有了利润，才能谈得上分红。从而充分调动全体员工的创收意识、利润意识、节约意识，这恰恰是员工主人翁精神的最佳表现，传统的企业教育手段难以培养这种意识，而全员分红制则能够"无心插柳柳成荫"。

全员分红制，鼓励多劳者多得、多创收者多得、多创利者多得、多节约者多得。

在这种机制下，老板不用再挖空心思去讲什么大道理，物质（分红）会决定员工的意识和行为。

第四，有效解决企业运营的所有难题。在不同时期，在发展的不同阶段，企业会遇到不同的难题和麻烦，如人力资源紧缺的问题、营销的问题、利润的问题、研发的问题、销售的问题。针对各个阶段的具体难题，

可将之同全员分红的考核机制结合起来，作为重点的考核因素，加大激励筹码，实现重点攻关。通俗来讲，就是老板最在乎哪个板块、哪个环节、哪个问题，那么就加大它们在分红考核中的分量和筹码，以实现"重赏之下必有勇夫"的效应。

聪明的老板懂得，全员分红不是在割自己的肉，而是在割企业增量的肉，他们深知"有了永远的利益才有永远稳固的劳动关系"，自己能够让多少人占便宜，就会有多少人死心塌地跟自己走。

科学合理的全员分红机制，比直销还恐怖，比传销更可怕。这里就介绍两种能充分激发员工正能量的全员分配制度（见表5-3）。

表5-3　两种常见的全员分配制度

增加式分配机制	困境	企业业绩徘徊不前，很难提升，老板干着急，员工不上心
	原理	员工付出正常努力只收获正常收入，如果付出超常努力，则可获得超额回报
	实操	设定一个任务基数，超出基数的部分，按一定比例提取给员工
	备注	（1）分成给员工的部分，占超出部分纯利润的比例越高，越能激发员工积极性和干劲； （2）最好是每天分配，当然是财务记录层面的； （3）此机制适合所有企业； （4）老板必须心胸开阔，要具有大格局，敢于分钱
减少式分配机制	困境	企业运营成本居高不下。每个人只关心自己的一亩三分地，对整个企业组织的责任心缺位
	原理	用分配机制来提升运营效率，降低成本，末位淘汰。企业里面，缺的不是人才，而是出人才的机制
	实操	（1）设定一个成本基数，将每月成本降低部分，拿出一定比例分配给当事人； （2）就某一部门、某一项目组定下一个人员基数，让其内部优胜劣汰，把省下的淘汰人员底薪，提取一定比例分配给留下的人员； （3）对于初创公司，设定一个收支平衡的时间表，然后把少亏损部分，按一定比例分配给团队
	备注	（1）成本降低部分应拿出至少一半用来激励员工； （2）此机制适合所有企业

第六章

激励实操：
股权激励的六定要略

科学的股权激励方案，不是拍脑袋决定的，一定是在兼顾了效率、公平、行为约束和操作规范的基础上，能充分激励员工自动自发为公司奋斗的可实施性方案。

股权激励方案是企业股权激励制度赖以实施的设计图，对企业能否建立高效的人才激励机制起着至关重要的作用。那么，能否设计出一套适合企业自身发展的股权激励方案，则取决于企业在设计方案过程中，对"定人、定类、定价、定量、定条件、定退出"这六大关键要素的通盘设计与把控。

第一节 定人：确定激励对象

由于非上市公司的股权激励对象不受法律约束，因此，董事会在确定股权激励范围的时候可以相当地灵活，大致可以包括：董事会成员、总裁、副总裁、财务负责人；中高层管理人员、核心技术人员、优秀员工。在人员资格选择方面一般是选择长期为公司服务的忠诚者、对公司有特殊贡献或公司特别引进的人才。

根据二八原则，企业员工中大概20%的人创造了80%的利润，那么，股权作为企业的重要稀缺资源，应该优先去激励那些对企业做出重大贡献的优秀人才。

对员工的股权激励，务必要设定门槛，确定合理的配股标准。

一、股权激励的四类对象

员工股东通常有四种类型（见图6-1）。

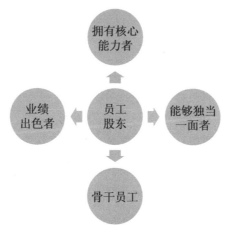

图6-1 四类员工股东

第一种：业绩出色者。业绩（绩效）长期处于所在岗位前列，能为公司带来稳定而持久的收益，这类员工就要用股权激励的方式同公司进行捆绑，避免人员流失。

第二种：骨干员工。即能够辅助老板或总经理，负责公司某个板块的全面工作，独当一面，是公司的骨干和中流砥柱，要通过股权激励将他们牢固捆绑在公司战车上。

第三类：能够独当一面者。在公司整体运营层面上，他们能够起主导作用，对公司决策和未来发展能够产生巨大影响。这类人员如果不能成为公司合伙人或股东，一旦他们被竞争对手挖走，对公司而言，将是重大的人力损失。

第四类：拥有核心能力者。这类人员具备独立操盘公司的能力，是公司经理人的后备人选，属稀缺人才。他们要么具备核心能力，比如小米公司的7个合伙人，平均年龄42岁，在各自领域经验极其丰富，分别来自金山、谷歌、摩托罗拉、微软等知名企业，有本地牛人，有海归精英，土洋结合，大家理念一致，大都管过超过几百人的团队，充满创业热情；要么具备核心资源，比如阿里巴巴的蔡崇信，因其在投融资领域的专业背景和丰富的人脉资源，能将这些资源成功嫁接到企业。再如柳青，同蔡崇信一样，曾做到高盛亚洲董事总经理，年薪千万元，而且她是柳传志的女儿，在国内企业界和投资界拥有优质的人脉资源，因此被吸纳为滴滴出行的合伙人，并担任总裁职务。

具体可根据以上标准，来确定员工入股的层级。

二、员工股权激励基本考核标准

股权激励对象要根据以下要素进行考核。

第一，职位级别。根据公司具体情况，划定员工入股的职级。

第二，岗位价值。即员工所在岗位对于公司的重要程度及其能够为公司创造价值的大小。

第三，曾经对公司的贡献。员工以往对公司的贡献是一个重要衡量标准，让对公司做出贡献的员工得到股份，是进行股权激励的一大初衷。

第四，本岗位能被取代的程度。可替代性强、非稀缺性岗位尽量不要进行股权激励。相反，如果一个员工的工作是其他员工不可替代的，或者是在现有人才市场上很难招聘到的，或者虽然很容易招聘但是培养成本很高，这种情况下应该考虑对相应员工进行股权激励。

第五，难以监督管理的程度。通常来说，对难以监督管理的岗位，应给予股权激励，道理很简单，这类员工由于存在监管盲点，只能凭其个人主观能动性来积极工作，而难以靠制度进行有效约束，此类员工主观能动力的最佳来源是让其产生主人翁意识，变成公司的主人（股东）。

第六，年龄和工龄要素。这里既要考虑到员工的工作年限，给元老一个交代，同时又要估计员工的年龄，对于即将退休的员工，要慎重进行股权激励。

三、股权激励对象职业素质考核标准

企业在对员工进行股权激励，给他们提供良好的待遇和经济收入，消除他们的后顾之忧的同时，也需要员工对企业组织表现出一定的职业素养。

第一，责任感与忠诚度。责任意识强、忠诚度高的员工更应被授以股权，史玉柱用"又红又专"的标准来选人。在他看来，"选人标准就是两个，毛主席说的又红又专。红，指人品好；专，指他的业务好。其实这个是两方面的，任何一个团队，你在周围找人，都是能找到合适的人的，又红又专的人都是能找到的。红，我想稍微有一点经验的人，其实他的人品早期还是能看出来的；专，很大部分跟培养有关。"这一点值得借鉴。

第二，敬业度。随着社会进步，人们的知识背景越来越趋同。学历、文凭已不再是公司挑选员工的首要条件。很多公司考察员工的第一条件就是敬业，其次才是专业水平。

什么是敬业呢？周鸿祎下面的这番话，我想是最好的解读：

"我自己当年，无论我在方正给国家打工，还是我在雅虎给外国人打工，都跟别人最大的不一样是，我从来不觉得我在给他们打工，我真的可能是很有自信的人，我觉得我在为自己干。因为我干任何一件事我首先考虑的是，我通过干这件事我能学到什么东西，学到的东西是别人剥夺不走的，客观上可能给公司创造了价值。"

第三，态度积极。不要事事等人交代，一个人只要能自动自发地做好一切，哪怕起点比别人低，也会有很大的发展，自发的人永远受老板欢迎。

第四，勇于负责。勇于承担责任的人，对企业有着重要的意义，一个人工作能力可以比别人差，但是一定不能缺乏责任感，凡事推三阻四、找客观原因，而不反思自己，一定会失去上级的信任。

第五，工作高效。高效的工作习惯是每个高效能职业人士所必备的，也是每个单位都非常看重的。

第六，结果导向。"无论黑猫、白猫，抓得到老鼠就是好猫！"无论苦干、巧干，出成绩的员工才会受到众人的肯定。企业重视的是有多少"功"，而不是有多少"苦"。

第七，善于沟通。不擅长沟通者，即便自己再有才，也只是一个人的才干，既不能传承，又无法进步；好沟通者，哪怕很平庸，也可以边干边学，最终实现自己的价值。

第八，团队理念。团队提前，自我退后。不管个人能力多强，只要伤害到团队，公司绝不会让他久留——不要认为缺了你一个，团队就无法运转。

第九，成本意识。节约，但不可抠门。不要把公司的钱不当钱，公司"锅"里有，员工"碗"里才有；同样，"锅"里多，"碗"里也自然就多。而掌勺的，恰恰就是你自己。

第十，不忘感恩。为什么我们能允许自己的过失，却对他人、对公司有这么多的抱怨？再有才华的人，也需要别人给你做事的机会，也需要他人对你或大或小的帮助。你现在的幸福不是你一个人就能成就的。

第二节 定类：确定进行激励的股权类别

非上市公司进行股权激励时所受法律约束较小，灵活性比较大，主要的激励方式有如下几种（见图6-2）。

图6-2 三种常见的股权激励方式

一、身股（分红股）

身股和银股是民间概念，不是现代意义上的法律概念，出自历史上的晋商模式，即"出资者为银股，出力者为身股"。

身股，也被称为顶身股，是晋商对股份制的一个特殊创造，目的是给不出资的优秀员工一定的股份，使其参与商号的经营、管理和分红，身股制被誉为"封建时代最先进的物质激励方式"。

据记载，原晋商伙计获得身股的规矩和条件为：

"一个小伙计入号，先得当三年学徒，做一些侍候掌柜之类的粗活，闲暇学习打算盘、练毛笔字，字号光管饭，不给工钱（有点像上大学）。满徒后，按月发给薪资，但还顶不上身股。起码等三个账期以后（大约需要十年），工作勤勤恳恳，没有出现重大过失，经掌柜向东家推荐，各股东认可，才可以顶身股。"

可见，要获得身股，需要很高的门槛，只有极少数非常优秀的员工才能得到。不过，身股的激励效应是巨大的……

"伙计的身股从一二厘顶起，慢慢逐步增加。每次增加的身股，记入'万金账'，予以确认。能顶到七八厘，就可能被提拔为三掌柜、二掌柜，就有了大出息。因此，在祁太平一带有谚语流行说：'坐官的入了阁，不如在茶票庄当了客。'可见当时身股有多大的诱惑力！"

身股的形式，也被常常用于现代企业的员工激励中，身股拥有一般股份的分红权，但不具有继承、转让和表决权，因此有时也被称为"分红股"，又称为技术股、在职股。

二、银股（资金股）

银股，享有分红权、转让权、继承权和表决权，银股所有者是公司股东，是实际的掌控者，基本等同于现代工商注册中的股份（资金股）。

资金股是指投资人根据其出资（货币、实物、无形资产）而享有的股东权益。《中华人民共和国公司法》第四条规定公司股东依法享有资产权益，参与重大决策和选择管理者等权利。其法律特征如图 6-3 所示。

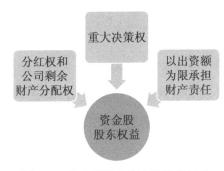

图 6-3　资金股股东享有的法律权益

三、股票期权

股票期权是一种可期待的选择权，在不确定的市场中实现预期收益，企业不会为此支付现金，降低激励成本，且激励效果较好，同时增加公司注册资本，加快公司实现短期经营目标。但该模式的最大弊端是容易造成股权分散，导致公司决策效率降低，企业价值减损。且激励效果不具有持久性，一旦员工行权成为股东，便无从限制和约束。

股票期权主要适用于初始资本投入较少，资本增值较快，且在资本增值过程中人力资本增值明显的初创型、高新型公司。

进行股票期权激励时，需明确以下细节（见表 6-1）。

表 6-1　股权激励"四定"

定时间	这里有两个时间，一是公司进行期权股激励的开始时间，通常，公司在创业起步阶段就可以启动期权股激励；二是期权股的禁售时间，一般不短于 2 年，不长于 10 年
定人员	期权激励应根据企业发展阶段分梯次覆盖不同层级的人员，在公司发展起步阶段，期权股激励的范围应限于核心合伙人和高管团队；在公司发展的上升阶段，可将管理团队和骨干员工纳入激励范围；在公司发展成熟阶段，可将全员期权激励作为选择方向。总之，应该把握的基本原则是：梯次进行，逐步推进，不断磨合，形成示范效应
定数量	公司用来激励的期权池，一般在 15% 左右，最低不低于 10%，最高不高于 30%
定价格	期权股尽量不要免费发放，否则员工会认为期权股不值钱，得来得太容易，也不够重视。我建议员工必须掏钱购买期权股，哪怕象征性地掏一些钱

四、虚拟股票

虚拟股票，顾名思义并非实际认购或持有公司股票，只是获取企业未来分红权的凭证或权利。因此，虚拟股票的发放不影响公司的股本结构。虚拟股票具有内在约束力和激励性，持有者需努力工作并创收，使企业盈利不断增加，方可获得更多收益。

虚拟股票比较适合于增长较快，现金流较充裕的公司。

第三节 定价：确定获取代价和条件

所谓定价，即在股权激励计划中，确定股权激励对象获得股票的价格。

股权激励中的定价决定着激励对象获得公司股权的成本，直接决定着激励对象的参与意愿，同时也决定着激励对象未来的股份收益，在股权激励计划中，行权价格是一个非常重要的问题。

在具体定价操作中，要注意几个方面的问题。

一、股价计算方法

常见的股权计算方法主要有以下几种。

1. 净资产定价法（操作步骤见表6-2）

表6-2 净资产定价法操作步骤

第一步	计算出公司净资产
第二步	确定公司总股本
第三步	公司股价＝净资产／总股本

2. 资产定价法（操作步骤见表 6-3）

表 6-3　资产定价法操作步骤

第一步	分别对公司的有形、无形资产赋予不同的权重，据此计算出公司总价值
第二步	确定公司总股本
第三步	公司股价 = 总价值 / 总股本

3. 综合定价法（操作步骤见表 6-4）

表 6-4　综合定价法操作步骤

第一步	确定公司销售收入、净利润与净资产定价，分别赋予它们相应的权重，据此计算出公司的总价值
第二步	确定公司总股本
第三步	公司股价 = 总价值 / 总股本

4. 市场类比法（操作步骤见表 6-5）

表 6-5　市场类比法操作步骤

第一步	找出几家业务、规模、发展阶段同本公司相近的公司作为参考对象
第二步	结合参考公司的净利润、净资产或现金流量等股价指标，计算出对象公司相关指标的价值比例
第三步	计算参考公司的平均比率，推断出本公司的价值
第四步	确定总股本
第五步	公司股价 = 总价值 / 总股本

5. 市盈率计算法（操作步骤见表 6-6）

表 6-6　市盈率计算法操作步骤

第一步：计算每股收益	每股收益 = 净利润 / 年末普通股股份总数
第二步：计算市盈率	市盈率 = 普通股每股的市场价格 / 普通股每年每股的盈利（股票每股税后收益）
第三步：确定股票价格	股票价格 = 每股收益 × 市盈率

上述指标中的净利润，可以根据公司上一年度的损益表及本年度发生损益的情况进行预测，公司的总股本可以视为公开发行股票前的总股数。

二、股权激励定价

通过以上方式估算出的公司股价，只是一个参考价格。激励对象的实际购买价格一般有折价、平价、溢价三种情形，折价又分为无偿赠送、1元/股、以每股出资额定价、以一定折扣定价等方式。

在实操中，定价过高对于激励对象没有吸引力，定价过低则会低估公司价值，激励对象同样缺乏奋斗动力。为体现激励的诚意和力度，提高激励对象的参与意愿，通常采用的方式为折价或平价的方式。比如，早年间，垂直旅游搜索平台"去哪儿"，给员工的期权股行权价是0.01美元，几乎相当于白送。如今，"去哪儿"的估值已达44亿美元，一旦公司上市，早期获得期权激励的员工，可能会立马身价百万元、千万元，甚至亿万元。

总的来说，股权激励定价应该把握好两个原则。

第一，同批次，同价格。即同一批股票价格应该同股同价，《中华人民共和国公司法》第一百二十六条第二款规定"同次发行的同种类股票，每股的发行条件和价格应当相同"。

第二，后续批次的股权授予价格应高于前批次。在公司发展良好且盈利的情况下，企业股票存在增值收益，为体现对原先股东的公平，后续授予股份的价格应该比前面批次授予股份的价格高。

第四节 定量：别给百分比，给股数

股权是公司的稀缺性资源，极其珍贵，公司股权会面临外部投资者、融资、激励、上市的多轮分配及限制，因此，每期用于股权激励计划的股权额度都要经过严格限制和精确计算。

一、确定用于股权激励的总量

股权激励总量的确定，首先要考虑以下几个制约条件：

第一，重点考虑企业大股东的控制权、公司业绩目标、企业规模、公司波动所致风险的预防等要素；

第二，分析公司现有股权结构，了解股权的集中程度、公司控制权的归属以及原始股股东的股权激励情况；

第三，要考虑到公司今后的动态股权分配模式，即根据公司的目前发展阶段及未来发展计划，并综合公司的人力需求、融资需求、行业变化等因素预测股权未来的稀释情况。

综合以上要素来确定公司阶段性股权激励的股份总量，可以避免出现公司人员阶层固化，同时能够兼顾当下情况和未来需求，避免股权的过度激励和过度稀释。

二、确定激励对象的股权分配额度

当期股权激励总量确定之后，再具体结合相应激励对象的职级、职位、工龄、贡献以及公司发展阶段等要素，来核定相应员工应当取得的股权数量。

例如，易趣网在创业阶段的期权激励标准为：对于公司获得天使投资之前进来的 VP 级别（高层管理人员）管理人员，通常发放 2%～5% 期权；对于 A 轮融资后进来的 VP 级别管理人员，给予 1%～2% 的期权激励；如果是 C 轮融资后或公司接近 IPO 时进来的人员，则发放 0.2%～0.5% 的期权。此外，对于核心 VP（CTO、CFO、CTO 等），可以参照上述标准的 2～3 倍发放，至于总监级别的人员，参照 VP 的 1/2 或 1/3 发放。

对普通员工的股权激励，建议最好是直接给股数，而不是给百分比。

其中道理很简单，因为大多数企业都采用"做减法"的方式，即指把原有的100%股份逐步释放出去，不断向外分发，其结果自然是原有的存量越来越少，分到后来，总有一天股份会变为零，而且，能够分到股份受到激励的人有限。而如果采取给股数的激励办法，则可以通过股份定向增发来直接授予员工相应数额的股权，这样激励成本更低，而且股数永远也发不完。

三、确定用于股权激励的股份的来源

公司用于激励的股票主要来源于：

第一，公司的期权池；

第二，通过向激励对象发行股份（增资扩股），增加总股本；

第三，原有股东的股权转让，即原有股东向股权激励对象转让一部分股权；

第四，通过回购员工股份用以股权激励，在公司发展过程中，有些员工会因为离职等原因退出，退出部分的股份可重新授予其他员工。

企业在确定激励股权来源时须根据自身的具体情况做周详规划，来做好组合。

第五节 定条件：确定行权条件

通常来说，股权激励的对象都是企业内部高管、骨干和优秀员工，目的是通过这种激励方式留住人才，同企业实现紧密捆绑，对于所激励股权的行权条件也是有限制的，被激励对象并不能当即全部获得或立刻变现，而是受限于员工的业绩完成情况、工作年限，或是其他限制性指标。

这里所指的行权条件，主要是股票期权的行权条件。

股票期权，即期权股，是一种常见的企业股权激励操作模式。其操作要点是：公司将预留的普通股股票作为报酬的一部分，以较低的价格或无偿授予公司管理人员或骨干员工，期权股的享有者，可以在约定的时期内做出行权或兑现等选择。

直白来讲，员工从期权激励中获得收益的方式为：当公司股票的未来价格高于授予期权所指定的价格时，员工在约定时期，就可以将自己持有的股票期权以市场价格卖出，从而获得差价收益。

股票期权的行权条件表现在以下两个层面。

一、基本层面的行权条件

所谓期权基本层面的行权条件，即在既定期权价格的基础上，根据公司的预期发展目标，一旦之前设定的激励对象购入股权的条件成熟，则激励对象就有权决定予以实施，选择行权，当然也有不行权的自由。

激励对象所得到的实际利益主要表现在授予股票期权时确定的行权价和行权之后股票市场价之间的差额。如果到了行权时间节点，公司的股票市场价高于行权价，并且当事人对公司股票有信心，那么通常会选择行权，否则激励对象就会放弃行权，股票期权作废。

二、胜任层面的行权条件

所谓胜任层面的行权条件，即从胜任力角度来考量，衡量被激励对象是否具备行权的条件，主要考察因素有以下几个。

第一，激励对象的业绩。在股权激励实施之日至行权生效期间，考核激励对象的业绩达成情况，能否达到公司的绩效考核标准。能够顺利完成业绩指标的，予以正常行权；对于未能完成既定业绩目标的，则不

予行权或打折行权。

第二，激励对象是否违规。如果在激励期内，激励对象触犯了公司红线，严重违规违纪甚至违法，那么将会被取消行权资格。

第六节　定机制：确定退出机制

为了让股权激励发挥应有的作用，不让员工在股份上睡大觉，务必要设定被激励对象的股权退出机制。

一、设定退出红线

员工入股，进入要设置标准，退出要设置红线，一旦触碰，就自动退出。

第一，退出企业即退出股权，这是设置退出机制所要遵循的基本原则。《中华人民共和国公司法》第七十一条明确规定，公司章程可以对股权转让进行个性化约定，这是设计股权激励退出机制的法律依据。

第二，利用公司平台牟取私利者，只分配当月分红，直接退出。

第三，遇年老天灾人祸不能工作怎么办？一般有三种处理方式：

（1）公司内部优先转让；

（2）进行外部转让必须所有董事成员通过，有一人不同意就不能转让；

（3）不进行转让，慢慢退出股份至稀释为零。

第四，工作能力日渐低下，已不能独当一面，又不上进者，经60%董事会成员通过即可劝退，股份进行转让或稀释或者公司回购。

第五，其他退出红线。持股员工一旦出现下列情况，即自动退股（见图6-4）。

损害公司利益	· 各种形式的损公肥私者、损害公司利益者
对公司不忠	· 对公司不忠者没有资格成为公司的主人
欺瞒	· 欺上瞒下，人品低劣者，应清除出股东队伍
未到约定年限退休	· 属违约，当退出
辞职	· 辞职后股权应按约定退出
违法违纪	· 出现违法乱纪行为，视为自动退股

图 6-4　员工自动退股的适用情况

二、确定期权退出的处理方式

期权股的退出机制，主要是约定被激励对象离职时，激励期权的处理方式，比如是否回购、以何种价格回购等，以免引起不必要的纠纷。

案例

期权股回购纠纷

2009 年，技术大牛曹政加入休闲小游戏平台"4399"，出任 CTO，公司董事长蔡文胜承诺授予 1.5% 的股票期权。

2011 年，曹政离职，独自创业。到了 2014 年，曹政突然被告知，当初许诺的 1.5% 股权已经大幅缩水为万分之七，原来随着合伙人和投资人的不断进入，曹政的股权也在无形中被不断稀释。此举引起了曹政和蔡文胜的股权纠纷。

在华为公司，也出现过类似的纠纷。

2002 年，在华为工作了十年的老员工刘平，要求变现自己在华为的期权股，公司只同意按其当初购买股票实际支付的价格（354 万元）来回购其股权。刘平认为不公平，一纸诉状将华为告上法庭，

要求公司按照其持股数额可参与分配的公司净资产和未分配利润总额，来回购其股权。

上述知名企业的期权股纠纷，对老板们的启示是，一定要设计好期权的退出机制和回购价格。

第一，期权股回购的范围。对于已经上市的公司，员工持有的期权股自然可以根据约定的时间在公开市场进行交易退出，无须公司回购；对于未上市的创业公司，可以提前约定一个价格回购离职员工的期权股。

激励期权的退出机制，即约定员工离职时已行权的股权是否回购、回购价格等，避免在员工离职时出现不必要的纠纷。

第二，期权回购的价格。在对员工持有的期权股进行回收定价时，一般可以按照公司当时的净资产、净利润、估值以及员工的具体情况来综合确定（见表6-7）。

表 6-7　股权激励回购方案

股权激励退出情形	回购方案
激励对象不能胜任工作； 激励对象因违反公司规章制度被辞退； 激励对象非因公死亡或丧失劳动能力； 激励对象劳动合同期满且未继续续约； 激励对象主动提出辞职并经公司许可	按较低的市场回报率标准回购
公司处于战略和业务调整的需要，要求激励对象离职； 激励对象主动要求结束股权激励计划； 激励对象因公丧失劳动能力或死亡； 激励对象退休	按市场价或较高的投资回报率标准回购
激励对象严重失职、渎职、擅自离职； 激励对象出现侵占公司财产、损害公司利益、泄露公司商业机密等行为； 激励对象触犯刑律被追究法律责任	原价或低价回购，另外激励对象要对给公司造成的损害进行赔偿

案例

东莞市迈悦五金塑胶制品有限公司股权激励实施管理办法

2017 年 8 月 8 日

一、释义

除非另有说明，以下简称在本文中作如下释义：

1. 东莞市迈悦五金塑胶制品有限公司（以下简称"迈悦五金公司"）特此制定针对核心员工及其他符合激励条件的人员（以下简称"激励对象"）的股权激励计划（以下简称"股权激励计划"）。

2. 董事会、监事会：指公司董事会、监事会。

3. 期股激励：指激励对象获得购买公司一定额度的股权的一种激励方式。

4. 退出机制：是指发生所列示的行为，即丧失相应的激励资格。

二、激励目的

公司制定、实施本激励方案的主要目的是完善公司激励机制，进一步提高员工的积极性、创造性，促进公司业绩持续增长；在提升公司价值的同时为员工带来增值利益，实现员工与公司共同发展。具体表现为：

1. 建立对公司核心员工的中长期激励约束机制，将激励对象利益与股东价值紧密联系起来，使激励对象的行为与公司的战略目标保持一致，促进公司可持续发展。

2. 通过本激励方案的引入，进一步完善公司的绩效考核体系和薪酬体系，吸引、保留和激励实现公司战略目标所需要的人才。

3. 树立员工与公司共同持续发展的理念和感恩文化。

三、管理机构

1. 公司股东会负责审议批准本股权激励计划的实施、变更和终止。

2. 公司股东会是本股权激励计划的执行管理机构，负责拟订本

股权激励计划并提交股东审议通过；公司股东会根据股东的授权办理本股权激励计划的实施等相关事宜。

3. 公司监事会是本股权激励计划的监管机构，负责核实激励对象名单，并对本股权激励计划的实施是否符合相关法律法规及《公司章程》进行监督。

四、激励对象

本激励计划的激励对象应为：

1. 同时满足以下条件的人员：

（1）为东莞市迈悦五金塑胶制品有限公司的正式员工；

（2）截至 2017 年 9 月 1 日，在东莞市迈悦五金塑胶制品有限公司连续司龄满 1 年；

（3）中高级管理人员和其他核心骨干员工。

2. 虽未满足上述全部条件，但公司股东会认为确有必要进行激励的其他人员。

3. 公司激励对象的资格认定权在公司股东会；激励对象名单须经公司股东会审批，并经公司人力资源部门核实后生效。

五、股份的来源、数量、股权认购和行权价格

1. 来源

本激励计划中拟授予给激励对象的期股的标的股份为迈悦五金公司原股东出让股份。

2. 数量

迈悦五金公司向激励对象授予公司总股本的 10 % 的股份。

3. 股权认购和行权价格

（1）根据激励对象在公司已任职工龄（年）和约定服务年限确定激励行权价格，具体以《股权认购表》为准。

（2）迈悦五金公司因公司引入战略投资者、增加注册资本、资本公积金转增股权或其他原因需要调整标的股权数量、价格和分配的，公司股东会有权进行调整。

六、本激励计划的行权有效期、授权日、可行权期与行权比例、禁售期

1. 有效期

本激励计划行权有效期为 3 年。

2. 授权日

本计划有效期内的每年 9 月 1 日。

3. 可行权期与行权比例

行权期限	第一期行权	第二期行权	第三期行权
行权比例	40%	30%	30%

在符合规定的行权条件下，激励对象自第一次授权日起，在本激励计划有效期内可按约定行权，激励对象如两次主动放弃行权，视为永远放弃行权权利。

七、禁售期

1. 激励对象在获得所授股权之日起 3 年内，不得转让该股份，公司上市除外。

2. 禁售期满，激励对象所持股份可以在公司股东间相互转让，大股东有优先收购权，也可以按照本计划约定，由公司回购。

3. 如向公司现有股东以外出售所持股份的，公司原有股东享有同等条件下优先受让的权利。

八、股权期股行权条件、授予程序、分红

1. 行权条件

激励对象获授公司股份必须同时满足如下条件：

（1）认定为本激励计划激励对象，并签订《期股激励协议》。

（2）未严重违反公司有关规定或严重损害公司利益的情形。

（3）行权限制期满。

2. 授予程序

（1）股东会审议通过期权激励计划。

（2）公司与激励对象签订《期股激励协议》，约定双方的权利义务。

（3）公司根据激励对象签署情况制作激励计划管理名册，记载激励对象姓名、获授股权期权的金额、授权日期、股权期权协议书编号等内容。

3.分红

激励对象的年度业绩考核结果与分红直接挂钩，岗位考核详见《业绩考核表》，考核结果与分配情况具体如下：

级　　别	A级	B级	C级	D级
考核得分	$90 < X$	$85 < X \leqslant 90$	$70 < X \leqslant 85$	$X \leqslant 70$
分配比例	100%	90%	80%	70%

九、期股受让方的权利和义务

具体详见《期股激励协议》。

十、本激励计划的变更和终止

具体详见《期股激励协议》。

十一、附则

1.本股权激励计划由公司股东会负责解释。

2.本激励计划一旦生效，激励对象同意享有本激励计划下的权利，即可认为其同意接受本激励计划的约束并承担相应的义务。

十二、附件

《员工激励额度表》

《股权认购表》

《期股激励协议》

《业绩考核表》

第七章

风险规避：
防范股权激励可能导致的潜在风险

　　企业竞争最终是人才的竞争，随着人力资本的不断增值，越来越多的企业开始使用股权激励的方式来留住人才和吸引人才。但是，企业如果没有全面客观地了解股权激励制度，没有针对企业自身的实际情况，而盲目跟风实施股权激励的话，那么，不仅难以发挥应有的激励作用，反而会引发股权纠纷，侵害股东权利，激化企业内部矛盾。

　　股权激励是一把"双刃剑"，用得好，双方得利；用不好，伤人伤己。因此，在股权激励实操中，应注意规避那些容易导致激励无效、激励失败、激励纠纷和法律风险的矛盾点和陷阱。

第一节　股权激励常见争议及处理

　　老板费尽心机设计了股权激励模式，股权激励措施也落实了，可被激励者却不领情，其效果还不如不激励，甚至会出现负激励现象。

　　股权激励有没有可能出现这种情况？

　　完全有可能！

　　股权激励并非万能药，一"激"就灵；相反，如果操作不当，很可能会起不到任何激励作用，出钱不讨好。

　　在股权激励实操中，应注意规避那些容易导致激励失败的矛盾点。

一、股权激励的最大问题

所有的股权激励都是基于一点——公司的不断增长与良性发展，及至公司上市。

但问题是，公司一定会持续增长吗？公司股价一定会不断走高吗？

如果不能给激励对象做出肯定的回答，让他们看到希望，那么股权激励的三大问题就会凸现出来：

第一，股权投资风险相对较大（需要员工出资购买股权的情况下）；

第二，投资回报周期长，个别明星公司的高速增长神话，难以掩盖普通中小型企业的缓慢发展，这对于股权持有者来说，也就意味着较长的投资回报周期和较低的投资回报率；

第三，股权流动性差，上市前难以变现，甚至是永远难以变现，毕竟最终能够实现上市的公司属凤毛麟角。

就成长性的中小型企业而言，可将股权激励的意义往分红方向引导，让员工努力争取到公司利润增加所带来的分红收益。

二、不要搞强行摊派

在老板看来无异于大出血的股权激励，如果切换到员工的角度，可能诱惑性并没有那么强，甚至让员工感觉到是公司在搞强制摊派，尤其是需要员工部分出资购买的股权激励。针对这个问题，老板一定要设法让员工领会企业进行股权激励的目的以及覆盖面，同时要设置必要的门槛，否则搞"一刀切"的话，大家都有份，基本上等同于没激励，员工还不领情。另外，要杜绝强制摊派，让员工自主选择。

三、信息不透明

非上市公司在制订股权激励计划时，其行权价的确定没有相应的股票市场价格作为定价基础，价格、时间和条件确定的难度相对要大得多。另外，非上市公司无须公开公司财务状况，一些中小股东也就失去了一个全面了解公司经营、财务状况的渠道。

对于企业内部通过激励方式获得股权的员工，想要了解公司相关信息，同时又会存有顾虑，不便去询问。从公司的层面讲，也担心公开信息会引起一些不必要的麻烦和问题，不公开的话，也会惹起一些猜测和非议。

须知，员工既然被授予了股权，就应该享有基本的知情权。对此，公司方面要设法予以满足。

四、股权激励随意而为

我看到身边很多企业老板进行股权激励时，都是随意而为，在没有充分理解股权模式的运作机制和激励目的的情况下，一冲动就匆匆上马，甚至缺乏科学合理的激励措施，而是直接从网络上搜集拷贝，根本不适合公司的具体情况，因而会导致问题丛生，矛盾频发。

案例

股权激励导致的纠纷

2016年8月，深圳某科技公司同林某签署了一份技术顾问合同，约定由林某出任公司的技术顾问，每周需到公司工作两天，每月工资为10 000元，另外授以3 000股/月的股票期权。

合同约定，任何一方解除合同都需要提前7天通知对方，除非一方单独终止，该顾问合同将长期有效。

实际上，林某工作3个月后，公司单方面解除了双方的顾问合同。仅支付了林某30 000元的顾问工资，而未兑现9 000股的股票期权。双方多次协商未果，林某于是将公司告上法庭。

对此，公司辩称：林某并未按合同约定条款，满额履行工作时间，并导致公司产品开发进度严重滞后。另外，林某在工作履历上也存在欺骗行为，其工作能力并不足以支撑公司的技术开发工作，属欺诈行为。

在法院的判决中，确认双方的顾问合同合法，要求各自履行义务，原告林某应依法享有15 000股股票期权，公司应依法授予。

显然，公司在进行详细考察之前，就随意对林某作出股权激励决定，缺乏相应的约束机制，而且在合同期限上（注意合同条款，除非一方终止，否则该合同将长期有效）也存在重大漏洞，如果双方合作顺利进行，那么林某将会按月获得可观的股票期权，这种没有明确数额限制的行为，明显是莽撞的。

股权激励是一套复杂的系统工程，涉及众多的利益划分，牵一发而动全身，切不可草草决定拿出多少比例、多少万股的股份，就大手一挥，发给员工。而且，激励过程中涉及的行权条件和权利限制等事项，也需要专业律师来起草相应的正式文件，因此，对于股权激励涉及的股权池大小、激励对象、授予份额、授予数量、行权价格等实际问题，企业应咨询专业的股权分配专家，而非简单粗暴直接拍脑门就去做，那只会给公司带来很多麻烦。

通常，公司股权激励要按如下步骤去推进（见表7-1）。

表7-1 股权激励操作流程

第一步	征求股东意见，了解公司状况，看股东的想法是什么，想做什么，公司存在什么问题等
第二步	了解公司的目标和渴望通过股权激励达成的目标，有没有更好的替代方式？另外，研究具体的股权激励方式，同股东的观点进行匹配、调整

续表

第三步	根据法律意见书，制订详细的股权激励工作计划和工作流程
第四步	员工宣讲和调查。同激励对象举办宣讲会，征求员工的意见和想法，同时让他们了解公司进行股权激励的目的
第五步	汇总员工意见，同股东进行再次沟通，结合员工意见，修改激励方案
第六步	召集股权激励大会。公开宣布股权激励计划的详细情况和具体操作，邀请激励对象和未来潜在激励对象参加，以达示范激励效应
第七步	符合激励条件的员工，拟定认购协议
第八步	公司和激励对象公开签约，签约之后，激励条款才能生效
第九步	实施和调整阶段，签约生效后，公司相关部门要做好监督考察工作，考察激励对象是否合乎规范，是否符合行权条件，否则就要按约束退出机制去处理

五、只有口头承诺，没有书面协议

员工股权激励方案应落实到书面上，只有口头承诺，员工的利益就无法保障，也容易引起争议和矛盾。

六、缺乏约束机制

股权激励方案必须配合相应的约束机制，包括公司业绩条件、个人限制条件、日常工作表现和业绩等，以及对退出红线的规定；否则，股权激励就变成了免费午餐，不是在激励员工更加努力，而是在鼓励不劳而获，只想坐等分钱，而不想干活，这样的股权激励对企业无利反而有害。

七、激励效果不明显

激励力度太小，也达不到预期目的，难以调动员工积极性。比如，某公司为激励员工，做出规定，只要公司年度增长率超过20%，利润增长超过25%，那么全体员工就可以10元每股的价格来购买相应数量的公

司股票。该政策实施两年后，在大家的努力下，预计的经营目标都顺利实现，但却没有人去行使股票期权，因为这家公司的股票在公开市场上从来就没有超过 10 元，大家当然也就没有了行权的动力。

老板有什么境界，股权分配就有什么效果。你的力度有多大，就能激励到多大能力的人才。

第二节 股权激励中的法律风险

公司搞股权激励，除了要考虑激励方案的科学合理性之外，还要考虑法律适用性，应在合法合规的范畴内进行操作。

一、股权激励方案的法律效力

企业设计的股权激励方案，在法律上是否生效，主要有以下衡量要素。

第一，股权激励方案是否须经全体股东签字同意。

股权激励方案，是财产权的转移，动摇的是公司原股东的根本利益。在现实操作中，多数公司在进行股权激励方案设计时，都会依据公司法或公司章程的相关规定，要经过半数以上股东同意，才可以落实股权激励方案。

这种操作模式的法律效力有争议之处，比如，尽管股权激励方案虽然经过半数以上股东同意，但是未经公司盖章的话，如果未同意的另一部分股东未进行追认的话，那么视为法律上不生效。

第二，股权激励方案会是否经过股东会决议。

例如，公司经理人在落实股权激励方案时，欲替股权激励对象代持股份，而未经股东（大）会决议许可，此类操作方式涉嫌职务侵占的罪名。

第三，股权激励方案是否符合其他失效条件。

例如，因公司准备上市而被外部投资人收购，那么，股权激励的前提条件失效。

二、法院对股权激励限制条件的司法态度

公司对员工和利益相关方进行的股权激励，通常都是有限制条件的，比如对于任职年限的限制，对于业绩和个人表现上的限制，对于转让条件的限制，以及对所获股权相关权益的限制等。

此类股权授予条件、兑现条件和行权条件的限制，是公司出于保障股东权益、企业权益的考虑，无可厚非。

法院在审判类似股权争议时，通常持有以下态度。

第一，股权激励作为一种高级激励方式，目的是在企业和员工之间建立一种休戚相关的利益关系和同担风险、共享收益的分配机制，其出发点是积极的、善意的，因此，通常会对获得此项权益的员工设定较高的门槛和限定条件。

第二，公司授予员工的股票期权往往有工作期限上的要求，以及公司是否上市等条件限制。这种情况下，员工获得股票期权并不等同于是获得了股票授权，如果被激励人员认为二者是同一个概念而出现争执，且向法院提起诉讼的话，法院方面一般不予支持。

第三，如果公司授予股权的约定条件未达到，或条件不够成熟时，被激励对象就主张相关股权或衍生收益，法院对此类诉求通常也不予以支持。

第四，尽管企业和激励对象之间存在事实上的股权激励关系，但如果都不能向法院描述激励方案的细节内容时，法院也不予以支持被激励对象具备被授予股权的权利。

三、被激励对象离职时公司规定的违约条款是否合法

公司对员工的股权激励，通常会设置违约条款，一旦员工离职，或因其他个人原因解除同公司的劳动合同，或因严重违反规章制度而解除其合作关系时，公司有权强制收回股权，并要求当事人返还分红，甚至支付违约金。

对于此类约定的法律效力，法院通常会认为公司是为了限制股权激励对象获得股权收益，并不违反公平原则，是合法且有效的。

具体要点如下：

第一，如果公司有关于激励对象离职等情况下的股权收回条款，就依据约定执行，如果无相关约定，则不能进行收回。

第二，被激励对象如果认为公司收回个人股权的行为不合法，应当就此进行举证。

第三，要考虑被激励对象是否出资的情况，如果激励对象是以出资的形式获得的股权，若没有特殊约定的话，公司在收回股权时，应支付公允的回购价格；对于未出资获得的股权激励，公司可以根据约定进行无偿收回，法院予以支持。

第四，如果回购被激励对象股权由第三方进行时，应确保此回购行为不会导致公司注册资本降低，且不损害公司债权人利益。转让后的股权如发生价格变动，其风险由转让者自行承担。

第五，如果公司股权激励方案未约定员工离职后是否仍有分红权，那么，法院从公平合理的角度考量，通常会认为离职员工不应再享有分红权。

四、关于违约金

根据《中华人民共和国劳动合同法》相关规定，只有在两种情况下公司可与员工约定违约金：一是公司为员工提供技术培训费用并约定服务期限，如果员工违反约定，需要向公司支付不高于此前公司所支付培训费用的违约金；二是如果员工违反同公司达成的竞业限制约定，则应当按照约定向公司支付违约金。除此之外，公司不得同员工约定其他违约金。

需要注意的是，《中华人民共和国劳动合同法》的这种规定并不适合企业股权激励的情况，因为获得股权激励的员工同公司的关系不再是劳动关系而是股东身份，因此不再受《中华人民共和国劳动合同法》保护。

案例

"富安娜"股权激励纠纷索赔案

2007 年 6 月，知名家纺企业"富安娜"以定向增发的方式，向公司高管和主要业务骨干发行了 700 万股限制性股票，约定被激励对象可以 1.45 元每股的优惠价格购买。

2008 年 3 月，为了配合公司 IPO 进程，"富安娜"宣布将所有限制性股票转换为无限制性的普通股。同时，与获得股权激励的余松恩、周西川、陈瑾、吴滔、曹琳等高管协商签署了《承诺函》，《承诺函》中约定：持有原始股的员工"自承诺函签署日至公司上市之日起三年内，不以书面的形式向公司提出辞职、不连续旷工超过七日、不发生侵占公司资产并导致公司利益受损的行为，若违反上述承诺，自愿承担对公司的违约责任并向公司支付违约金。"

2008 年 7 月至 2009 年 9 月，余松恩、周西川等部分获得公司原始股激励的非创业股东在持有"富安娜"原始股的情况下，先后辞职，跳槽到"富安娜"的主要竞争对手"水星家纺"。

2012 年 12 月 26 日，已在深圳上市近三年的"富安娜"，针对余松恩、周西川、陈瑾、吴滔、曹琳等 26 名自然人股东违反《承诺函》一事，导致公司股权激励目标难以实现，而向法院提起民事诉讼，要求 26 名被告赔公司偿违约金共计 8 121.67 万元。

2013 年 12 月，南山区法院经讨论，判决被告曹琳于判决生效之日起十日内向原告深圳市富安娜家居用品股份有限公司支付违约金 189.89 万元及利息，此次案件诉讼费用由被告曹琳全额承担。

在此后的数年间，26 名被告被一审再审。2015 年 1 月 19 日，这桩企业因股权激励而生发的索赔案终于最终落槌，深圳市中级人民法院做出了终审判决，判定 16 名离职骨干员工赔偿老东家"富安娜"3 230.520 54 万元及相应的利息。

"富安娜"顿时一案成名，为雇主维权树立了积极的榜样，同时也为那些得到股权激励而背叛公司的员工敲响了警钟。

"富安娜"股权激励系纠纷赔案，以公司大获全胜告终，其关键点在于将劳动者身份与股东身份区别，该案法律关系认定为民事法律关系而非劳动合同关系。

当然，这种情况成立的前提是公司授予员工的是实股，而不能是虚拟股或期权，否则，员工的股东身份就无法确定，因而公司也就无权约定违约金事项。

因此说，虚拟股权激励分红权所引起的纠纷属于劳动纠纷。而接受虚拟股权激励的员工也不是公司股东，离职后即自动丧失该收益资格。

虚拟股的被激励者不能成为公司股东、不拥有股权，仅获得在职时的收益分配权，一旦被激励对象离开企业，将自动丧失获得收益的权利。虚拟股权赋予员工的分红权应属于公司薪酬体系的组成部分，因此此类股权激励制度是劳动合同的重要组成部分，也是劳动合同法的调节对象，由此引起的纠纷应当属于劳动争议范畴。

五、股权激励与投资人关系的处理

如果计划进行股权激励的公司，已经成功进行过融资，或计划正要进行融资，那么此时的股权激励就不再是单方面的企业内部行为，应该向投资人做好相关信息披露或检视：

第一，要向以往的投资人或拟投资人披露公司下一阶段的股权激励计划；

第二，认真查看公司此前签订的融资协议，看是否允许公司今后进行股权激励行为，如许可，则应查询是否有细节条款或细节上的限制；

第三，认真查看融资协议对股权激励方式（如增资、代持等）是否有规定和限制；

第四，如果融资协议没有股权激励方式上的限制，当采取增资形式时，则增资的对价不得低于投资人的对价，除非融资协议对股权激励有除外规定（通常融资协议都要求后一轮的融资价格不得低于上一轮的价格）。

如果没有处理好以上问题，导致公司的股权激励方案和融资计划出现冲突时，那么投资人可以追究公司主要创始股东的违约责任。

第三节 股权激励涉税问题

从税务的视角看，非上市公司实施的股权激励主要有以下三种类型。

第一，直接持股激励。即公司将股权直接赠予或以低价售予被激励对象，激励对象成为公司的直接持股人。

第二，期权激励。公司售予被激励对象在未来时间内以某一特定价格（或零对价）购买公司（或关联公司）一定数量的股权的权利，如期权计划等。

第三，虚拟股权激励。通常是以公司的股权价值或其他财务数据作为指标，根据该指标的增长情况，售予被激励对象一定的收益（通常为现金收益），如虚拟股票、股权增值权等。

公司对员工实施股权激励，涉及的税务问题主要有适用税目、如何计算、合适缴纳、优惠政策等问题。

一、适用税目：个人所得税

根据个人所得税法及其实施条例和财税〔2009〕5号文件等规定，个人因任职、受雇从上市公司取得的股票增值权所得和限制性股票所得，由上市公司或其境内机构按照"工资、薪金所得"项目和股票期权所得个人所得税计税方法，依法扣缴其个人所得税。

股权激励适用个人所得税的情况有以下两种。

第一，员工个人直接持股。这种情况下，当员工获得分红时，需要按照"利息、股息、分红所得"税目以及20%的税率全额缴纳个人所得税；当员工转让公司股权时，需要按照税目"财产转让所得"以及20%的税率，以售出价减去买入价的差额计算并缴纳个人所得税。

第二，通过合伙企业持股。根据相应政策，合伙企业在获得创业企业分红时，不并入合伙企业的其他经营所得，被激励员工按其在合伙企业中的份额需单独按"利息、股息、分红所得"税目全额缴纳个人所得税，税率为20%。

此外，合伙企业通过转让创业企业股权所得，则需要并入合伙企业的生产经营所得，被激励员工按其在合伙企业中的份额，按照个体工商户的五级超额累进税率表计算并缴纳个人所得税。

二、适用税目：企业所得税

当被激励对象通过有限公司持股的，适用企业所得税。具体缴纳情况又分两种。

第一，当持股公司获得创业企业分红时，按照现行政策可以免征企业所得税。

第二，当持股公司在转让创业企业的股权时，须按照 25% 的税率，以售出价减去买入价的差额计算并缴纳企业所得税。若持股公司有以前年度法定可弥补的亏损，则以差额先弥补亏损，有正数余额的，才缴纳企业所得税。

三、纳税时点

当个人在股权激励计划下取得现金或非现金所得（如股权）时，应产生个人所得税的纳税义务；在个人未实际取得现金或非现金所得，而仅取得未来可能获得现金或非现金所得的权利时（如仅被授予期权时），并不产生个人所得税的纳税义务。

四、优惠政策

根据 2016 年 9 月 20 日《财政部国家税务总局关于完善股权激励和技术入股有关所得税政策的通知》（财税〔2016〕101 号），对于符合条件的非上市公司实施的股权激励事项，可以享受递延纳税的税收优惠政策，具体如下所述。

（一）享受递延纳税政策的非上市公司股权激励（包括股票期权、股权期权、限制性股票和股权奖励）须同时满足以下条件。

（1）属于境内居民企业的股权激励计划。

（2）股权激励计划经公司董事会、股东（大）会审议通过。

（3）激励标的应为境内居民企业的本公司股权或技术成果投资入股到其他境内居民企业所取得的股权。

（4）激励对象应为公司董事会或股东（大）会决定的技术骨干和高级管理人员，激励对象人数累计不得超过本公司最近 6 个月在职职工平

均人数的 30%。

（5）股票（权）期权自授予日起应持有满 3 年，且自行权日起持有满 1 年；限制性股票自授予日起应持有满 3 年，且解禁后持有满 1 年；股权奖励自获得奖励之日起应持有满 3 年。

（6）股票（权）期权自授予日至行权日的时间不得超过 10 年。

（7）实施股权奖励的公司及其奖励股权标的公司所属行业均不属于《股权奖励税收优惠政策限制性行业目录》范围。

（二）优惠内容

可实行递延纳税政策，即员工在取得股权激励时可暂不纳税，递延至转让该股权时纳税；股权转让时，按照股权转让收入减除股权取得成本以及合理税费后的差额，适用"财产转让所得"项目，按照 20% 的税率计算缴纳个人所得税。

股权转让时，股票（权）期权取得成本按行权价确定，限制性股票取得成本按实际出资额确定，股权奖励取得成本为零。

五、办理流程

1. 税务部门备案

对股权激励选择适用递延纳税政策的，企业应到主管税务机关办理备案手续。未办理备案手续的，不得享受该通知规定的递延纳税优惠政策。

2. 每年报备

企业实施股权激励，以实施股权激励或取得技术成果的企业为个人所得税扣缴义务人。递延纳税期间，扣缴义务人应在每个纳税年度终了后向主管税务机关报告递延纳税有关情况。

第四节 签署股权激励协议，规避风险堵漏洞

为了避免不必要的纠纷和后续可能出现的麻烦，公司股权激励计划最终需要落实在具体的文件、文本上。其中，重中之重是应当签署正式的股权激励协议，股权激励协议生效后，将会影响股东、公司与激励对象的利益关系，而股权激励计划何时开始实施，以及具体如何实施、激励对象如何考核，能否行权、何时行权、如何行权等事项，都需要在股权激励协议中予以明确。

下面就分享一个我操作过的一个企业股权激励协议实操案例。

案例

期股激励协议

甲方（公司）：东莞市迈悦五金塑胶制品股份有限公司

地址：东莞市石排镇向西村松园五路5号第一栋

法定代表人：黄金玮

乙方（激励对象、受让人）：

身份证号：

联系电话：

丙方（甲方现有股东、出让人）：李东初、黄金玮

鉴于：

1. 东莞市迈悦五金塑胶制品有限公司（以下简称"公司"）系一家合法存续的有限公司。

2. 乙方系公司_____，工龄_____年，基于乙方对公司做出的贡献，公司有意对乙方进行额外奖励和激励。

3. 根据公司《股权激励实施方案》《股东会决议》及国家相关法律法规及政策之规定，公司同意对乙方实施期股股权激励。

4. 各方确认用于本次激励之股权，源于丙方持有之合法股权。乙方完成本协议约定有关出资义务，即视为支付完毕有关股权转让的受让款。丙方应配合乙方办理有关工商变更手续。

5. 本次公司用于实施股权激励的股数为 500 万股，占公司股权比例为 10%。

6. 丙方对本协议约定内容知悉并认可，丙方承诺配合甲方实施本协议中约定的各项义务。

三方经友好协商，特订立本协议，以资遵守。

一、定义

除非本协议条款或上下文另有所指，下列用语含义如下：

1. 期股：指被激励对象通过出资购买、奖金支付转换分期还款而拥有企业股份的一种激励方式。若被激励对象需通过企业贷款购买股权，则该股权所有权自购买期股的贷款清偿完毕后归被激励对象享有；被激励对象享有该股权的表决权与分红权，但分红所得需优先清偿上述贷款。

2. 分红：指公司按照《中华人民共和国公司法》及公司章程的规定可分配的税后净利润总额，各股东按所持股权比例进行分配所得的红利。

3. 可分配税后净利润：指公司年度实收营业收入扣除相应的生产经营成本支出（员工工资、购置设备、原材料、配件、支付水电、物业等费用）、管理费用、财务费用以及法定公积金和相关税费后的余额。

二、协议标的

1. 根据乙方任职岗位的岗位价值、岗位工龄系数及乙方承诺继续服务公司期限为____年，甲方对乙方实施期股激励，乙方行权价格为____元／股，其预授额度为____万股，乙方出资金额为____万元。

2. 乙方应按照协议约定将出资款支付至如下账户：

户 名：_____

账 号：_____

开户银行：_____

3. 乙方取得的股权（在完成全部出资义务前）不变更公司章程，不记载在公司股东名册，不办理工商变更登记。

三、协议履行

1. 甲方在每年的____月进行上一年度会计结算，得出上一年度税后净利润总额，并将此结果及时通知乙方。

2. 若乙方贷款未清偿完毕，甲方可将分红冲抵未偿还的贷款；若贷款已清偿完毕，甲方需在每年____月____日前将分红支付给乙方。

3. 丙方应配合甲方实施上述义务。乙方有关款项支付完毕，甲方、丙方应配合乙方办理工商变更手续。

四、协议期限

1. 激励对象应当在签署协议之日起三年内完成授予股权的出资义务，第一年应完成不低于总出资额 40% 的出资，第二年完成不低于总出资额 30% 的出资，第三年内完成全部出资义务。逾期未支付的，甲方可以单方面解除协议。

2. 激励对象在其承诺的服务期内，不得随意转让。

3. 各方确认，本协议约定乙方继续服务公司期限为____年。

五、乙方承诺与保证

1. 乙方签署并履行本协议并不存在任何法律上的障碍或限制。

2. 乙方保证有足够的条件及能力履行本协议。

3. 遵守《股东持股原则》，无条件接受公司临时岗位工作，严格执行股东会决议或董事会决议。

4. 乙方确认继续服务公司期限为____年。

六、各方权利及义务

1. 受让方从协议书生效时起，受让人即成为企业的内部股东，对其受让的期股和由期股所形成的实股拥有表决权和收益权，但无处分权。

2. 在尚未按协议购买全部期股前，期股不进行现金分红，其红利应按协议购买期股。受让方如遇当年期股的红利大于协议规定的当年偿付额时，应将这部分红利所得全额用于期股的偿付。超额偿付部分得以弥补以后年度不足部分。如俞期股红利小于协议规定的当年偿付额时，须用现金补足。

3. 受让方在偿付期内如未经出让方许可擅自离职，或因受让者个人原因中途中止即为违约，出让方有权终止合同，并追回从首期期股开始所产生的一切股权收益。

4. 受让方转让股份所应得的转让金应在离岗满半年时兑现，如在半年中发现由于其在职期间遗留问题或从事与本公司竞争行业造成企业损失的，经有关审计监察部门查实，出让方审核后，视情况按比例在兑现中扣除。

5. 期股股份实行"以岗设股、退岗退股、离职退股、退休退股、违纪退股"的管理原则，股东离职离岗时，出让方依此原则回购受让方所持的期股股份，并视以下不同情况作相应处理。

（1）正常离职（岗）：由本人提出申请经股东会讨论同意其离职或因工作需要经股东会决议调离可享受期股奖励的岗位。受让方应办理退股手续。

（2）自然死亡：受让方应办理退股手续，出让方如数收回受让方的股份，如在合约偿付期内，出让方应对受让方期股行权计划进行结算（如股权收益低于10%时，则按10%的年度回报金予以结算），并将其已付部分期股按财务结算的当年股值向受让方支付退股金；

如合约偿付期满，则由出让方如数收回受让方的股份，出让方按财务结算或经评估审计的当年股值向受让方支付退股金。

（3）退休（岗）：退休（岗）的年龄。受让方达到退休（岗）年龄后，视工作需要由董事会讨论决定其留用与否，留用期最多不超过5年。退休（岗）后给予受让方在本公司工作每满3年即可延续1年持股权的奖励（依此类推），留用期持股期限与奖励持股期限合并同步计算，并以两者中较长年限为延续持股期，在延续持股期满后再办理退股手续，出让方按评估审计的企业资产经财务结算出的当年股值向受让方支付退股金。

（4）其他：出让人在证实受让人经营管理有重大失误或违反国家法律法规时，有权提请股东大会或者董事会审议，若股东大会或者董事会做出解聘受让人的决议，若在合约期内，则视作受让人违约，按受让人违约处理；若合约期已满，则由出让人收回其持有的股份，并按评估审计的企业资产经财务结算出的当年股值向受让方支付退股金。

七、退出约定

1. 约定服务期内退出，公司大股东可按照以下情形对乙方所持份额进行回购。

协议约定服务期内受让人主动退出的，按以下情况处理：满3年退还本金；满2年退还九成本金；满1年退还八成本金；1年内退还七成本金（以上退出方式均可享有已分红部分，自愿放弃未分红部分收益）。

协议约定服务期内，受让人自行离职的，按以下情况处理：满5年以上退还本金；满3年以上退还八成本金；满1年以上退还五成本金；1年内退还三成本金（以上退出方式均可享有已分红部分，自愿放弃未分红部分收益）。

协议约定服务期内，公司辞退受让人的，最高按原价退回。

协议约定服务期内退出的解约方式为：提前 30 天向董事会提出解约申请，并交接工作、签订解除协议；配合工商变更。

协议约定服务期内退出对价的支付方式：工商变更后 15 天内以现金方式支付退出结算应得款项的 50%；余下平均分为 5 期支付，每季度支付 10%。

2. 期满后退出

协议约定服务期满后继续任职的：提前 60 天申请续约，重签协议，两年起续签。

协议约定服务期满，受让人离职的，可转让第三方，转让时须经公司董事会 2/3 董事通过，并由董事长书面同意后可退出，转让时大股东拥有优先认购权；如无第三方受让，大股东可回购，回购价格按照公司上一年度资产负债表上净资产 × 股东持股比例计算。

协议约定服务期满，公司辞退受让方的，回购价格为：公司上一季度净资产 × 持股比例。

协议约定服务期满退出的解约方式为：提前 30 天向董事会提出解约申请，并交接工作、签订解除协议；配合工商变更。

协议约定服务期满退出对价支付方式为：工商变更后 15 天内以现金方式支付退出结算应得款项的 50%，余下平均分为 5 期支付，每季度支付 10%。

3. 退出时，受让方还应当遵守以下约定：

（1）上市申报期乙方可选择提前在上市工作启动之前退出，也可选择自动顺延到上市后 3 年；

（2）当退出金额大于公司账面现金的 20% 时，时间自动延续，直到小于 20% 时方可退出；

（3）公司岗位空缺时，直到有合格接班人上岗接任为止；

（4）当大股东失去回购能力时，大股东可豁免回购义务；

（5）两年之内不得从事、经营、投资、伙同他人、指使他人从事经营与公司相竞争的行业；

（6）在未实际对外转让之前，受让方继续遵守股东持股原则，违约则向公司赔偿人民币100万元；

（7）禁止退出时间：每年9—12月不得退出（旺季）。

八、违约责任

1. 受让方违反《股东持股原则》中第4、5、6、7、8条的，原所持有股权自动失效，公司有权根据公司章程和股东会决议书、股东除名书对股东进行除名，受让方必须在30天之内配合工商变更。

2. 受让方违反《股东持股原则》中第1、2、3、9、10条的，公司有权按原投资价格的50%收回其所持有的股权，受让方必须在30天之内配合工商变更。

3. 因受让方个人原因给公司带来重大损失（指10万元以上损失），须照价赔偿，如30天赔偿不到位的，公司有权将其所持有的股份用于赔偿。

九、分红方式

各方确认，公司分红按照以下原则实施：

当净利润达到_____万元以上时，分红比例不低于50%；当净利润达到_____万元以上时，分红比例不低于40%；当净利润达到_____万元以上时，分红比例不低于30%；当净利润达到____万元以上时，分红比例不低于20%；当净利润达到_____万元以上时，分红比例不低于10%；当净利润不足____万元时，公司可不进行分红。

十、引进新股东股权变动方式

1. 公司后续若实施增资扩股，原股东持股比例同比稀释，持股数保持不变。

2. 公司后续有关股权变更原则为：涉及股权超过60%的由大股东转让，股权不高于60%的采取增资扩股方式，原股东持股比例同比稀释，持股数保持不变。

十一、协议的变更、解除和终止

1. 协议三方经协商一致同意的，可以书面形式变更协议内容。

2. 协议三方经协商一致同意的，可以书面形式解除本协议。

十二、争议的解决

因履行本协议发生争议的，各方首先应当争取友好协商来解决。如协商不成，则将该争议提交甲方所在地人民法院裁决。

十三、协议的生效

本协议一式叁份，各方各持一份，自各方签字或盖章之日起生效。

（以下无正文）

本页为《期股激励协议》之签署页。

甲方（签署）

年　　月　　日

乙方（签署）

年　　月　　日

丙方：（签署）

年　　月　　日

附 《股东持股原则》

1. 对内对外，保密原则。

2. 意见与异议禁止向下与同事及向外传播，只能上传共商解决方案。

3. 公司会计报表每季度股东会召开之日进行公开，并审核签字，其余时间不得私自查阅公开所有会计报表。

4. 不得从事、经营、投资与公司相竞争的一切事项（其中包括本人、指使、伙同他人）。

5. 出卖公司任何机密。

6. 挪用公款，变卖与偷盗公司财物。

7. 关联交易，贪污受贿。

8. 直接或指使或伙同第三方挖公司员工、客户、供应商。

9. 未经公司董事会审批不得以公司名义和其所持股权进行任何形式的质押与担保。

10. 遵守公司章程、股东会决议、各项守则、岗位职责、公司制度。

成为股东之前须认真阅读《股东持股原则》，如持股后违反原则股东资格自动失效。

本人已认真阅读《股东持股原则》，愿意承担违反后果。

签名：

年　　　月　　　日

第三篇

股 权 融 资

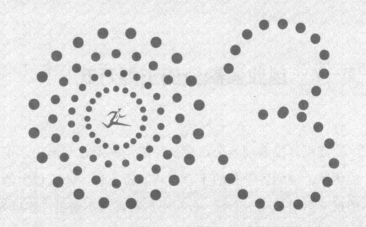

第八章

融资逻辑：

投资人多投资占小股，创始人少投资占大股

　　缺钱是创业公司的常态，因此，创业通常需要融资，需要借助外部资本的力量。我们看到，成功的创业者大多都善融资，大都在资本市场上长袖善舞。

　　但更多的创业者在资本市场上举步维艰，根源在于创业者对融资的本质及其核心逻辑，缺乏足够清醒的理解和认识，因而无法同投资方进行有效接洽、沟通、谈判，更无法达成投资的共识。

　　融资，从本质上讲就是卖企业，是以出让股权的形式出售企业的一部分，而投资者则是来买企业的部分所有权，而不是来买具体的产品和服务，他们最关心的是企业价值和长远价值，而不是产品价值和当前价值。

第一节　创业者融资的主要方式

　　我见过很多创业公司散伙，都是一本本血泪史，也包括我自己以前的团队，他们各有各的不幸。从本质上讲，90% 以上的创业公司，散伙的根本原因只有一个——公司不盈利，入不敷出，难以为继。

　　要么是长期没有收入，要么是收入低于支出，这样下去，公司现金储备就会用尽，一旦没有新的资金注入，且长期解决不了收入的问题，那么等待创业公司的就只能是关门大吉，只是时间早晚的问题。

　　缺钱是企业运营过程的主旋律，融资是企业老板任何时刻都不能放下的一项工作。

有这样一个段子：

一个骑 1 500 块电动车的，他存款 10 万元，生活安逸却又迷茫！

一个开 15 万元大众的人，他房贷 80 万元，他的生活水深火热！

一个开 150 万元奔驰的人，他银行贷款 1 000 万元，他生活在生与死的边缘！

说明什么？

越有钱的越欠钱，越有钱的越缺钱。

这种缺钱的局面，创业公司尤甚。除非是富二代、名企高管、已经实现了财务自由的创业者，其他人概莫能外。

"我觉得企业最初期就是缺钱，缺钱是最大的压力。"这是潘石屹创业时的切身感悟。1997 年 4 月，公司财务突然过来对潘石屹说账上没钱了，发不出工资。

得到这个消息后，潘石屹只是坐在计算机前发呆，没有告诉任何人这一情况，连他的老婆兼合伙人张欣都不知道公司没钱了。

一分钱难倒英雄汉，为了警示自己，潘石屹把 1997 年 4 月这个日期写了一个黄纸条贴在了自己的电脑上，发誓永远不撕下来，提醒自己要卧薪尝胆，牢记这一天。

潘石屹后来曾坦言，公司发展之初他基本上没操什么心，主要是担心没钱，最大的精力都耗在了筹钱融资的事上了。

如今已成为超级大佬的马化腾，创业前期，也遇到过揭不开锅的窘境，甚至一度打算把 QQ 给卖掉。

1999 年 2 月，马化腾带领腾讯的创业团队开发了即时网络通信工具——腾讯 QQ，放到互联网上供用户免费使用，不到一年就发展了 500 万用户。QQ 的大量下载和暴增的用户量却没给当时的腾讯带来什么收益，反而成了公司的"包袱"。

如果用两个字形容当时的腾讯，那就是"缺钱"，对这家新生的企业来说，别说更换新设备，就连每年一两千元的服务器托管费都没有着落。

当时，这家仅有十几个人的创业公司，主要业务并不是QQ，而是给深圳电信、深圳联通和一些寻呼台做项目，QQ充其量只是公司的副产品。

为了让公司生存下去，马化腾接受了朋友的建议，打算将QQ卖掉。他原本的计划是将QQ作为软件，多卖几家，换来更多资金。结果事与愿违，一些公司要求独家买断，谈判破裂。

QQ没有卖掉，用户却一直在爆发性增长，维护这些用户需要的投入也越来越大，为了融资，马化腾找到银行，想用QQ来办理抵押贷款，银行的态度很明确，从来没听说有人可以凭借"注册用户量"来抵押贷款。一连谈了好几家，都没能谈拢，不过谈来谈去，马化腾决定不再卖QQ了，要留下自己把它养大。

这才有了后来中国互联网发展史上拥有最巨量用户群的QQ，才有了后来的腾讯帝国。

不得不说，这是一个英明的决策。也提醒后来的创业者，创业导入期，缺钱是常态。但不能为了筹钱，而失了自己的底线，做出一些让自己追悔莫及的选择。

缺钱具有两面性，在给创业者带来压力的同时，也有其积极的一面。饱受缺钱之苦，才会更珍惜来之不易的创业资金，更容易学会省钱，节省掉一些不必要的开支，有助于早日实现收支平衡，早日盈利。

潘石屹正是因为有了那次发不出工资的窘境之后，才特意关注公司现金流的问题，后来公司一直持有雄厚的现金储备，到2012年的时候，公司账上的现金储备已高达222亿元人民币。成功实现了由"钱路茫茫"到"钱漫金山"的历史性跨越。

通常，公司资金来源主要有（见图8-1）。

图8-1 公司资金的主要来源

一、股东投资

股东出资是企业运营的启动资金，必不可少。比如，马云和十八罗汉创立阿里巴巴时，大家凑的 50 万元，以及 1987 年任正非同几个志同道合的中年人共同出资 2 万元创立华为。

股东投资除了个人积累资金外，基本上都来自于社会信用融资，简单来说就是借来的钱，或者是个人、家庭省吃俭用的积蓄。

我们经常看到、听到类似的场景、故事——

"某某某拿着两口子省吃俭用的十几万积蓄，开了一家服装店"；

"谁家隔壁老王炒股赚了几十万，安全退出来了，去开了个家政公司"；

"谁谁谁求爷爷告奶奶，借了二十万元，盘下了一家小饭店"；

"小学同学王某某，找了几个哥们，大家东拼西凑了 50 万元，搞了一个小物流公司"；

......

这是绝大多数草根创业者起步资金的真实来源！创业的第一笔投入，99% 以上都要靠创业者个人或创业团队依靠个人、团队社会信用进行集资，因为投资方，不论是天使投资人还是风险投资商，都不可能在你的创业项目没有任何投入、没有任何进展、没有任何眉目之前，往里面投钱。

所以说，对于创业的第一笔启动资金，创业者要把希望寄托在自己身上！

二、外部融资

当股东投入资金和客户现金流不足以支撑企业日常运营和未来发展之需时，就要进行外部融资。具体又分为债券融资和股权融资两种。

债券融资比较简单，举债还钱，支付利息，本金利息支付完毕，双方债券债务关系终结；股权融资则是以出让企业股权的方式，来获得外

部投资者的资金支持，投融资双方是一种战略互信合作的关系。

股权融资模式下，投资人看重的是企业的未来成长性和长期价值，融资人则借助外部资金来渡过当下难关，同时布局未来。

三、营业收入

即公司通过产品和提供服务，从客户处获得的现金收入，这是公司收入的重要构成部分，也是决定公司价值的核心估值要素所在。

其中，前两种资金获取渠道是公司融资的主要来源，下面介绍三种主要的股权融资方式。

第二节 天使投资

"各位亲友，各位同事，我放弃一切，和王琴私奔了。感谢大家多年的关怀和帮助，祝大家幸福！没法面对大家的期盼和信任，也没法和大家解释，也不好意思，故不告而别。叩请宽恕！功权鞠躬！"

这是 2011 年 5 月 16 日深夜，王功权发出的一条微博，此言一出，一石激起千层浪，引起热议无数。

王功权究竟是何许人也，竟能引起如此关注？

对于王功权的私奔暂且不议，不过此人在国内的投资界却是一个风云人物，私奔前，他曾是鼎晖创业投资基金的合伙人兼创始人之一，他还曾经是一个知名的天使投资人。

天使投资人，又是何方神圣呢？

在美国，天使投资人通常是那些富有的个人和家庭，他们投资那些年轻的高成长性公司，用自己的资金帮助他们迅速启动起来。还有一些天使投资人是由创业成功的企业家转型而来，这些人能带给创业者的就不仅仅是钱了，而且有管理经验、人脉资源以及对产品和市场的准确把握、商业意识等。

360 董事长周鸿祎非常认同这种说法，他认为："'天使'应该是在这个行业里创过业的人，公司卖掉了或者上市了，他应该对所在行业有一定的认识，有一定的资源。"

另一知名天使投资人，UCWEB 的董事长雷军对此也表示赞同，他同样认为："要做好天使投资，最好是自己创过业，成功地掘到第一桶金。"

在国内，天使投资人一般情况下也都是个人，他们可能是专业的风险投资家，也可能是一个已经成功的企业家，甚至是你的亲戚朋友甚至邻居。他们之所以投资也许是因为他看好一个创业项目，也许他根本就不懂项目，只是看好某个创业者。天使投资的金额不大，一般都在 100 万美元之内。如下几个外在特征可以帮你识别天使投资人。

（1）天使投资的金额一般不大，通常是一次性投入，投资方不参与管理，对企业的审查也不是很严格。它更多的是基于投资人的主观判断或者是由个人的好恶而决定的。通常天使投资是由一个人投资，见好就收，属于个体或者小型的商业行为。

（2）很多天使投资人本身就是创业成功的企业家，他们了解创业者面对的困境与难处。

（3）天使投资人不一定是百万富翁或高收入人士，他们可能就是你的邻居、家庭成员、朋友、公司伙伴、供货商或任何愿意投资的人士。

（4）天使投资人不但可以带来资金，同时也能给创业者带来人脉网络。如果他们是知名人士，也可以提高公司的信誉。

天使投资人之所以得名"天使"，是因为在很大程度上他们确实是

那些"空有一个好主意、好商业模式，但身无分文"的创业者心目中的"天使"。

1996年，张朝阳的"爱特信"成功获得其老师美国麻省理工学院尼古拉·庞帝教授等的20多万美元天使投资，后华丽转型为搜狐网，发展成为国内三大门户网站之一，这被很多人认作中国的第一笔天使投资。

天使投资人的存在以及在国内的兴起，给那些有想法但没资金的创业者提供了一种新的可能性。

曾几何时，在我们周围充斥着这些说法："创业最重要的，第一不是资金，第二不是资金，第三还不是资金""永远不要让资本说话"……这些观念对于一些已经做起来的企业，或者是那些极其罕见的具有传奇色彩的创业家来说可能是适用的，但它们绝不适用于刚刚起步的普通草根创业者。

因为你的创业项目不论大小，首先必须要有一笔启动资金让它动起来，否则你的创业计划就无异于空中楼阁，无异于痴人说梦。即使我们承认"空手套白狼""白手起家"的可能性，但也是建立在借用别人资金基础之上，其中就包括天使投资人。

话说回来，不论是什么时候，要想让别人为你掏钱都不是一件容易的事，更别说是那些人老成精的天使投资人了。

那么，如何才能让天使投资人为你埋单呢？国内著名的天使投资人，北极光创业投资基金合伙人邓锋的经历或许能给你提供一些借鉴：

"1997年，我跟几个同学成立了一个叫Net Screen的公司，这是一个非常典型的硅谷型公司……当时根本不知道能不能找到钱，但是你必须先出来。如果你自己不出来，说找到钱再离开过去的公司，等于给人家一个信息：我是闹着玩的，拿到钱我就玩，拿不到钱我就不玩。从别人兜里掏钱是很困难的事，就相当于让人跳火坑一样，要让别人跳，你自己必须先跳……

我们创业团队互相做了一个承诺：把一切抛到脑后，破釜沉舟，没有退路。当时我们规定每个人拿5万美元出来，我没有钱，买了房子后一点钱都没有了，就跟大学同学借了5万美元。

我们三人做了这个承诺后，再跟风险投资家承诺。我们获得第一个100万美元非常简单，只花了一个星期，都是一些天使投资人。天使投资人不太懂技术，他就赌人，看你到底有多大的承诺。你说'我把裤子都输掉了跟你一块玩'，他肯定跟你干。我现在也做天使投资人，也是这个想法。"

看来，要想从天使投资人那里拿到钱，也并非难于上青天，关键是你要知道他们在想什么，看重什么，然后去迎合他们的需要。要想打动天使投资人，借用他们的资金，你需要回答好以下几个问题（见表8-1）。

表8-1 天使投资人关心的问题

你是谁	这个问题包括创业者是谁、有一个什么样的团队、提供什么产品和服务、有什么核心竞争力。一定要言简意赅地说明这些问题，直奔主题。天使投资人每年要看大量的项目，那些长篇大论的商业计划书，他们根本没有时间去细读
你要解决什么问题	你准备做的事和正在做的事，它们能够满足哪些用户的哪些需求，预计的市场规模有多大，收益情况如何，对这个问题，要尽可能用更具说服力的数字和图表来说话
用什么方法解决问题	说得直接一点，就是你和你的团队将如何为目标客户提供产品和服务，怎样为客户提供有效的解决方案。回答这个问题，同样需要数据来支撑，不是靠凭空想象出来的夸张形容词
如何获得收入	这是天使投资者最关心的问题，他们无论怎样给你钱让你去烧，最终目的都是希望你能获得收入，给他们带来收益。对此，一定要将你准备花多少钱、自己的商业模式以及未来两三年内的收入预期和增长模式及增长预期等情况，用尽可能理性的语言呈现给投资者
未来将走向哪里	也就是项目未来成长性的问题，你重点要做的是突出如何做到阶段性地成长，这种表达也要建立在可靠、可信、可被证明的增长模式上，而不是信口开河，随意夸大

在吸纳天使投资时，创始人需保持谨慎和理性的态度，须知，"天使"不仅仅能给急需资金的创业公司雪中送炭，而且，"天使"在某些情况下也有可能会将创始人权力架空，甚至将之逼出局。

案例
天使投资人成为了摩拜的实际控制人

2015 年，曾任《每日经济日报》记者的胡炜炜创立摩拜单车。作为创始人，胡炜炜（现职位为总裁）持股约 36%，紧随其后的第二大股东为李斌，其持股比例为 29%。

实际上，李斌的身份并非仅仅是天使投资人那么简单。据悉，李斌除了为胡炜炜提供天使投资，为其指明创业方向外，甚至就连摩拜这一品牌名称都是出自李斌之手。

事实上，李斌在摩拜内部也确实拥有举足轻重的影响力，2015年年底，在李斌的撮合下，愉悦资本向摩拜注入数百万元的 A 轮投资，李斌随即请来了曾担任 Uber 上海城市总经理的王晓峰，来出任摩拜CEO 一职，理由是媒体出身的创始人胡炜炜缺乏公司运营管理经验。

空降而来的王晓峰开始以摩拜联合创始人的身份示人，拥有股权高达 20%。

伴随王晓峰的入局，摩拜公司内部的权力架构有了明显改变：王晓峰统管所有公司事务，而作为公司创始人的胡炜炜和首席技术官夏一平则要向王晓峰汇报，同时，王晓峰开始被公司推向前台，频繁抛头露面，其风头甚至取代了创始人胡炜炜，被当做摩拜的第一代言人。更值得玩味的是，王晓峰作为空降的高管，竟然得到了 20% 的股权，这样，李斌的 29%，再加上其"嫡系"王晓峰的20%，李斌毫无疑问成了摩拜实际上的掌控人。

第三节 风险投资

2004 年以来，随着盛大、百度、分众、空中、携程、前程无忧、新东方、当当、唯品会、聚美优品、陌陌、京东、阿里巴巴等互联网公司纷纷上市，投资他们的风险投资商基本上都获得了十余倍、数十倍甚至上百倍的回报。在这种财富示范效应的拉动下，国外风险资本纷纷涌入中国，包括红杉、NEA、KPCB 等，美国前十大风险资本都争先恐后地来了。

时下的中国，风险投资已成为校园和街头热议的话题，创业者言必称风险投资。

近两三年，中国公司接二连三地赴纳斯达克上市，一次次炫目的 IPO（股票首次公开发行），富豪排行榜一次次地被刷新，已经令大江南北的创业者们血脉贲张。而海外风险投资商们手握大把美元蜂拥而入，声称要找到下一个京东、阿里巴巴，更令创业者们意乱情迷——人人都梦想被大牌风险投资基金相中，成为下一个刘强东、马云。

"你拿到风投了吗？"也几乎成了创业者之间的标准问候语。然而现实却并非人们想象中的那样花团锦簇，而是充满了艰辛、荆棘与挑战，在少数创业者幸运地融资成功后，更多的痴情青年仍在寻寻觅觅。

风险投资，顾名思义，必然伴随着风险。

风险投资是一个高风险、高收益的行业。

风险投资行业，单个项目的投资回报可以高达 20 倍以上，高的甚至可以达到五六十倍的收益，这绝非天方夜谭，比如在如家连锁酒店成功上市后，前期进入的 IDG 获得的投资回报就高达 60 倍之巨；阿里巴巴的上市则为软银带来了超过 400 倍的回报；今日资本随着京东的上市，其投资回报率也达到了 100 倍。

巨大的行业利润空间吸引着不少资金纷纷涌入。更多的资金进入和更多的目光关注也给予了风险投资者更多的压力，很多风险投资家都戏

谑的称自己为"疯投"。许多业内人士却对此颇有感慨。

国外一直流行着"三成七败"的说法，的确，风险投资的经验从某种意义上来说是从失败中得到的，没有失败就不是风险投资。人们往往只关注到单个成功的项目，而成功的背后，往往有更多的失败案例。两相抵销，综合利润就降下来了。不少业内人士公开表示，风险投资行业的平均利润一般水平是20%～30%。

确实是这样，VC能赚大钱，但它更能赔钱。大家看到百度、阿里巴巴、京东等公司上市，VC们赚得盆满钵满，却看不到很多VC的钱血本无归。

一个风投基金投资十个创业公司，平均只有一两个能成功IPO（首次公开募股），还有一两个可能卖掉，更多的只能等待，看着它们是否有一天能够长大，其中有很多可能是颗粒无收，全部赔掉。

也正因为如此，VC每做出一个投资决策之前，都要经过谨慎的筛选，要经过高度专业化的调研和一整套的复杂流程。

一、对项目：万里挑一

我们能够看到的公之于众的投资案例，无不是千里挑一甚至是万里挑一的幸运儿。

每一家VC，都有一支精干睿智的运作团队，他们一年能够看的项目可能非常有限，很多风险投资合伙人一年可能要看几千个项目，但最终决定投资的却不过两三个，VC们对项目的挑选可谓是千里挑一。

2014年12月，俞敏洪和盛希泰共同创立天使基金——"洪泰基金"。

2015年刚过了一半，俞敏洪的洪泰基金就已收到了五六千份来自创业者的商业计划书，洪泰基金从中选取了七八十个项目，投入人民币4亿多元。

由此可见，创业者和风投的联姻之难。

二、对公司：尽职调查

VC 和创业者达成初步的合作意向后，会对创始人、创业公司团队和创业项目进行长期而全面的尽职调查。短则一个月，长则三个月，这个期间内，创业项目的市场潜力，创业公司的财务数据，公司的账目往来以及有无法律纠纷，都会被 VC 翻个底朝天。

在尽职调查中，创业者本人更是重点调查对象，其工作能力、教育经历、家庭背景、性格人品、胸怀等都将是 VC 尽职调查的对象。VC 如此谨慎的目的只有一个，那就是确保自己没有看错人，确保自己投进去的巨额资金能得到妥善运用。

2013 年 2 月，达晨投资了一家名为上海语镜汽车的车联网公司，这家公司生产一种内置 GPS 和 SIM 卡的智能车载设备。

做出投资决策之前，达晨的投资经理程仁田将全球车联网的发展现状、趋势、车联网保险等领域全部研究了一遍，光研究报告就有 110 页之多。投资前，为了深入了解项目，他每个月都出差去上海，在语镜公司里一坐就是两三天，一聊就是三四个小时。

三、评估财务指标

财务指标在一个公司的价值评估中有多重要，要看收入的质量，而不能看简单的数量。这个收入质量包括：是一次性的收入还是持续性的收入模式；可推算的收入增长度有多大；收入的类别是单一的还是多元的，如果是单一的，那么增长幅度空间要很大。

在财务指标里，VC 一般最看重两点：

第一，公司的毛利率有多少，这意味着公司可承担的风险有多大；

第二，公司消费和收入的比例，如果消费支出的比例很高，即使收入很高，也有问题。

四、公司的 CFO 是谁

为了保证投资款被善用，VC 尤其关注创业公司的 CFO 人选，有些 VC 甚至会直接为创业公司筛选 CFO。

VC 这样做的目的，也并不是要控制创业公司，而是想让创业公司的财务管理更加清晰，使财务制度更加透明。更重要的是 CFO 要能够得到 CEO 的信任，二者能够做到开诚布公的友好合作。

对此，BlueRun 中国合伙人陈维广这样解释说：

"VC 将几百万甚至上千万美元投给一家公司，如何才能保证这笔钱用得恰到好处？

在还没有投钱的时候，我们就会注意这个公司的 CFO 或财务控制人是谁。他在融资阶段会跟我们打交道，介绍财务报表、市值、经营状态等情况，我们从中可以判断，这个人是不是值得信赖。如果这个人不可信任或者能力有限，我们就会要求换人。很多早期公司都没有合适的财务总监，可能只有一个会计，我们就帮他们找到双方都能信任的 CFO。"

第四节　股权众筹

股权众筹是指公司出让一定比例的股份，吸引普通投资者投资，以股权换投资。公司出让的是股权，得到的是公司发展急需的资金，而投资者获得的是股权和未来的收益权。

股权众筹是企业融资的一种手段，而非企业成功的救命稻草。因此，必须遵循前文谈及的企业股权分配的基本原则，并注意风险规避。

一、众筹发起人要掌握公司控制权

搞股权众筹融资，发起人不仅要做形式上的主导者，还要做事实上的企业掌控者，必须是企业的大股东，必要的时候要掌握控股权。比如，发起人（或发起人团队）掌控公司 51% 的股权，拿出另外的 49% 进行股权众筹，或留出相应的期权池，用来吸引后续资金以及内部团队和员工的激励。

企业掌控人明晰的最大优势在于企业具有能够一锤定音的决策者，能为企业发展避免隐患，避免股权过于分散，出现企业决策上的难题和其他分歧；另外，发起人作为大股东，本身又是企业掌控者，他们就会想方设法去维护企业利益，维护个人利益，这等同于是在维护投资人的利益，能够更好地为投资人赚钱。

我看到有很多众筹项目都趋向于均分股权，或者是无线分散股权，导致企业没有说了算的老大，这样的企业存活时间往往很难长久。

二、筛选众筹对象

股权众筹需要走出一个最大误区——不论是谁，只要投钱，就可以成为公司的股东。

股权众筹一定是双向选择，投资者在考察发起人的股权众筹项目，而发起人同样需要对投资人进行筛选，要去深度了解你的盟友，中间需要一个磨合和了解的过程，再确定谁能成为你的股东。

千万不可来者不拒，什么人的钱都要，什么股东都吸纳进来。

在众筹过程中，一切单纯以筹钱为目的（不考虑钱的背景和背后的人）的众筹都是发起人的误解。做好股权众筹需要转变思路，要以筹人为目的，要做好人投资人的筛选，只有志同道合的人来了，财富才会接踵而至，其他的资源自然也不会落下；否则，人的问题解决不好，单纯解决了资

金问题也是徒劳。

一个合格的众筹投资者，通常需要具备以下素养：

第一，拥有可以自主支配的投资资金；

第二，对经济、政治、金融等领域具有敏锐的嗅觉与观察能力；

第三，熟悉投资项目的运作流程；

第四，有风险防范意识，心态成熟，能够承担投资失败的损失；

第五，对投资项目能够客观分析，有能力自主判断项目未来走向与市场前景；

第六，熟悉相关政策法规，能帮助自己或投资对象规避政策和法律风险。

要找到如此理想的众筹投资人，不是一件容易的事，需要发起人耐心去筛选。

三、股权众筹实操

股权众筹操作流程如图 8-2 所示。

图 8-2　股权众筹操作流程

第一步：项目申报。

股权众筹发起人，向有关众筹平台提交自己的筹资计划书或商业计划书，并设定拟筹资金额、可出让的股权比例及筹款的截止日期。

想要自己的项目在第一时间就能抓住审核者的眼球，有好的创意和文案固然最好，如果没有，那么将项目尽可能细致地通过多种形式以多种角度呈现出来也能收到很好的效果。另外，大多数众筹网站都会要求发起人填写个人背景资料，对项目有帮助的发起人背景信息，会提高发起人的个人可信度和众筹参与者对于项目的信心。

第二步：平台审核。

众筹平台会对筹资发起人提交的筹资计划书或商业计划书进行审核，审核内容主要包括发起人的背景、实力，项目可行性、未来前景及投资价值等，必要的时候平台相关人员会同项目发起人进行面谈。

比如，京东众筹平台对项目的筛选标准是：好的团队＋有前景的商业模式＋资源匹配度＋渠道，其中最重要是有好的发展前景，而前景的展现要通过项目方的商业模式，此外还有诚信等。

第三步：项目发布。

股权众筹项目审核通过后，会在平台网站上发布详细的项目信息和融资信息。

第四步：筹资阶段。

项目上线并面向目标投资者推广，对项目感兴趣的投资机构或投资人可在约定的期限内以相应方式实际交付资金或承诺交付。

第五步：融资结束。

通过股权众筹平台进行的融资活动，会有一个期限，期限截止，融资活动即告结束。达成融资目标的，则筹资人同各投资人签署正式的投融资协议；没有达到预期融资目标的，则需将已筹集资金退还各投资人。

四、可能遇到的法律风险

股权众筹，目前主要涉及《中华人民共和国证券法》的相关规定，该法第十条这样规定：

"公开发行证券，必须符合法律、行政法规规定的条件，并依法报经国务院证券监督管理机构或者国务院授权的部门核准；未经依法核准，任何单位和个人不得公开发行证券。

有下列情形之一的，为公开发行：

（1）向不特定对象发行证券的；

（2）向特定对象发行证券累计超过200人的；

（3）法律、行政法规规定的其他发行行为。非公开发行证券，不得采用广告、公开劝诱和变相公开方式。"

另外，我国《中华人民共和国刑法》和《最高人民法院关于审理非法集资刑事案件具体应用法律若干问题的解释》规定的"擅自发行股票、公司、企业债券罪"的构成要件包括：

（1）未经国家有关主管部门批准；

（2）向社会不特定对象发行、以转让股权等方式变相发行股票或者公司、企业债券，或者向特定对象发行、变相发行股票或者公司、企业债券累计超过200人，即"公开发行"；

（3）数额巨大、后果严重或者有其他严重情节的。

这里的问题如以下几种。

第一，如何认定公开发行？我们知道，公开发行证券一般要求公司组织形态要为股份有限公司，要具备健全的组织结构和良好的盈利能力，而进行股权众筹的多为创业公司或中小型成长性企业，显然并不符合公开发行证券的条件。

第二，"不特定对象"怎么解释？股权众筹有两个红线不能碰：一是向不特定的公众发行股份；二是向超过200位特定的人发行股份。那么，如今通过互联网等平台向目标受众发布股权众筹计划，属不属于向"不特定对象"发行就成为一个问题了。

第三，对于非公开发行，采用广告、公开劝诱和变相公开方式这些规定究竟是什么意思？因为绝大多数股权众筹行为显然不具备公开发行证券的条件，因此只能宣誓不公开发行了，那么，在这里如何规避非公开发行中法律规定的不得采用广告、公开劝诱和变相公开方式就是一个问题了。

第五节 股权融资的基本逻辑

对创业公司来说，融资一直是个大问题，也是一门大学问。

但在融资的问题上，创业者们的具体情况却差别极大。有的人一年几次融资，迅速成长为行业的独角兽，有的创业者自个儿的公司到死都没融到一分钱，还有的创业者虽然成功融资，不过自己却净身出户了。

如何才能快速有效的获得融资，融资时又该注意什么呢？这里提供了几条基本逻辑，以供创业者们参考。

一、创业合伙人，小投入，占大股

创业合伙人，是公司项目、产品成功的关键，投资从某种程度上讲就是投入，"宁要一流的人才和二流的项目，也不要一流的项目和二流的人才"是很多投资人奉行的投资准则。请记住，人力资本一定大过货币资本，对于启动期的创业公司尤其重要。

所以，创业合伙人要重视自身价值，而且创业合伙人，不仅投入资金，更要做操盘手，要负责公司的运营与拓展，要做事，可以说是投入了全部的身家性命。因此，创业合伙人要投入较少的资金，占大股，前期务必要掌握控股权。

二、外部投资人，大投入，占小股

外部投资人，通常只投钱，不做事，因此其股权获得价格应比合伙人高，而不应同合伙人一视同仁，按同样的价格来获取股权。

通常，我们建议外部投资人要比内部合伙人最低要以高出 1 倍的价格购买股权，比如，公司启动资金如果需要 100 万元，那么内部合伙人

购买价格为 1 万元一股，外部投资人则要定位 2 万元一股。

具体操作时，要绝对避免完全按出资比例来分配股权，因为外部投资人相较创业合伙人团队，其权益肯定要受到一定限制，对此，创业合伙人要把控好底线，该强势的时候一定要强势，否则会造成无穷的后患。

案例
双输的股权分配

某创业公司，有 4 名合伙人，总计持股 49%，外部天使投资人投入 2 000 万元，持股 51%，由于切入了一个几乎是空白的细分领域，该项目上线后，发展迅速，用户急速增长，渐渐引起了很多投资机构的瞩目。

遗憾的是，该公司的创始团队先后接触了数十家国内外投资机构，都不能取得实质性的进展。原因很简单，那些老道的投资人一眼就看出了问题所在——天使投资竟然持股 51%，其他投资人再继续跟投就是往坑里跳。

有些创始人会天真地寄希望于向早期的天使投资人回购股份，但是又有几个天使投资人愿意将到手的利益拱手相让，即使想让也会让创始人和其他投资人付出高昂的代价，况且这种持有大量股份的天使投资人也不具备大格局和大局为重的觉悟，否则就不会主张控股权了。

投资人的股权分配不合理，不仅会打击创业合伙人的积极性，也会给后期的投资者设置天然的进入壁垒。有很多初创企业，有好团队，好创意，好产品。却因为股权问题，倒在失败的创业路上。

如何规避这种问题呢？那就要设计好股权出让的底线，第一轮增资扩股（种子轮、天使轮）尽量不要超过 30%，建议在 20% 左右。

事实上，一些具备共赢心态和开阔格局的投资人，也很认同这一点，道理很简单，只有先将盘子做大，才能给大家带来更多的利益。

三、公司初创期要珍惜股份

越早期的项目，比如一个刚上线或者刚运营不久的创业项目，在没有产品、没有用户、没有市场、没有收入、没有盈利的情况下，很难对它进行准确的估值。这种情况下，就不能仅仅依赖投资人对项目的价值判断来进行定价，创业合伙人心里也应有一杆秤，对创业公司要有信心，不要低估其价值。

在出让股权时，务必要珍惜自己的股份，尤其是在公司起步阶段，避免为了融资不讲原则地退让，哪怕是出让控股权也在所不惜，这样很可能就会被资本所反噬，被投资人牵着鼻子走，失去自己的初心，导致创业公司误入歧途。

四、筛选投资人

对于外部投资，什么钱可要，什么钱不可要，要有自己的原则和底线，不可来者不拒。创投行为是一项双向选择，投资人在考察公司和团队的同时，创业合伙人也要加强对投资人的考察和筛选（见表8-2）。

表 8-2　投资人筛选标准

第一，对天使投资人	尽量选择那些资金实力雄厚、拿闲余资金投资的"天使"，这类投资者往往具有风险投资意识，心态也比较平和，赚了，大家皆大欢喜；赔了，也无所谓。否则，如果"天使"投进去的是自己养家糊口的钱，一旦给赔进去，是很要命的
第二，对投资公司	要看其股权结构是否合理，是否存在纠纷和隐患，看其控股股东是谁
第三，对思维、作风、观念差距过大的投资人	尽量不要先进来，因为思维上的鸿沟、行事风格、观念上的差距，会让创投双方合作起来非常难受。可以设想一下，公司老板引入了一个"天使"，然后他在公司内部安插自己的眼线，想方设法来监督公司，三天两头来干预公司日常经营，定期来参加公司例会，这样与其说是引入了一个"天使"，还不说是招来了一个祖宗

五、不要给一票否决权

有些外部投资人虽然所占股权比例虽然比较少，不具有控制权，但往往会在公司经营、资金使用、人员任用等方面要求一票否决的权利，这会使得创业团队束手束脚，严重影响了创业公司的发展。

因此，为了避免给自己找麻烦，对于要求一票否决权的投资应予以拒绝。

六、留下股权空间

现代公司，出于发展的需要，往往需要经过多轮融资，为了给后续投资者留下投资空间，就要提前做好制度设计。

第一，预留足够的股份空间，为新的合伙人加入、投资资金进入、团队及员工激励留出余地。

第二，约定股权同比稀释。

例如，某公司创始人占股80%，外部投资人占股20%，已经将股权充分"瓜分"，对于这种情况，就要提前做好"股权同比稀释"的约定，以给后面的股权分配留下空间。

具体操作方式为，如果公司估值为2 000万元，假如需要融资500万元，出让20%的股权，那么原创始人和投资人的股权就要被同比稀释掉20%，稀释后的三方持股比例为64%（稀释掉16个百分点）：16%（稀释掉4个百分点）：20%。

第九章

融资实操：
股权融资全流程

股权融资需要读懂投资人的心理，了解他们的喜好，要知道那些投资商们都是非常冷静而谨慎的，他们不会轻易做出投资决定，除非创业者的项目能够真正打动他们。

股权融资的成功除了取决于融资公司的各项指标和素质外，还需要融资人掌握一定的融资技巧。获取外部资本支持的过程，也是展示企业投资价值和融资技巧与说服能力的过程。

需要特别注意的是，投资人的眼光往往是雪亮的，在融资对接上，创业者要做的就是在自己的项目上狠下工夫，而不应通过一些歪门邪道的手段来投机取巧。

第一节　如何拟定商业计划书

在准备和VC洽谈融资事宜之前，应该准备四份主要文件（见表9-1），提前递交《商业计划书》，并争取得到创业投资人外延人脉的推荐，这通常是使本企业的《商业计划书》得到认真考虑的重要一步。在大多数情况下，能够承担这种推荐任务的可以是律师、会计师、咨询师或其他关联成员，因为VC最容易相信这些人对业务的判断能力。

表9-1　融资文件

文 件 名 称	描 述 内 容
《投资建议书》（Business Proposal）	对风险企业的管理状况、利润情况、战略地位等做出概要描述

续表

文件名称	描述内容
《商业计划书》 （Business Plan）	对风险企业的业务发展战略、市场推广计划、财务状况和竞争地位等做出详细描述
《尽职调查报告》	对风险企业的背景情况和财务稳健程度、管理队伍和行业做出深入细致调研后形成的书面文件
《营销材料》	这是任何直接或间接与风险企业产品或服务销售有关的文件材料。正式和创业投资人接触之前，一般需要提前向创业投资人递交《业务计划书》，及其《行动纲要》（Executive Summary）

上述文件中最重要的一个要数《商业计划书》。对于《商业计划书》，戈壁基金合伙人徐晨给出了这样的建议：

"就创业计划书一项来说，其内容的质与量落差之大，绝对可以令多数人瞠目。从800多页的类似小说的计划书，到精炼得仅有半页的执行概要，'应有尽有'。

"有的甚至连计划书都没有，只在给我们的信中说：'我这边有一个很好的想法，我的公司将来可能值上亿，如果你不联系我，你就会错过一个近十年最好的投资机会。'我的经验是，公司的好坏和商业计划书的长短有着完全非线性的联系，但没有计划书往往比较容易受到忽略。"

通常，一份商业计划书要包括以下几个部分的内容（见表9-2）。

表9-2 商业计划书

构成	详情
封面	×××公司（或×××项目）商业计划书 年月（公司资料）： 地址： 邮政编码： 联系人及职务： 电话： 传真： 网址／电子邮箱： 报告目录：
第一部分 摘要	（整个计划的概括） 一、公司简单描述 二、公司的宗旨和目标（市场目标和财务目标）

第一部分 摘要	三、公司目前股权结构
	四、已投入的资金及用途
	五、公司目前主要产品或服务介绍
	六、市场概况和营销策略
	七、主要业务部门及业绩简介
	八、核心经营团队
	九、公司优势说明
	十、目前公司为实现目标的增资需求：原因、数量、方式、用途、偿还
	十一、融资方案（资金筹措、投资方式及退出方案）
	十二、财务分析
	1. 财务历史数据（前 3～5 年销售汇总、利润、成长）
	2. 财务预计（后 3～5 年）
	3. 资产负债情况
第二部分 综述	**第一章　公司介绍**
	一、公司的宗旨（公司使命的表述）
	二、公司简介资料
	三、各部门职能和经营目标
	四、公司管理
	1. 董事会
	2. 经营团队
	3. 外部支持（外聘人士 / 会计师事务所 / 律师事务所 / 顾问公司 / 技术支持 / 行业协会等）
	第二章　技术与产品
	一、技术描述及技术持有
	二、产品状况
	1. 主要产品目录（分类、名称、规格、型号、价格等）
	2. 产品特性
	3. 正在开发 / 待开发产品简介
	4. 研发计划及时间表
	5. 知识产权策略
	6. 无形资产（商标 / 知识产权 / 专利等）
	三、产品生产
	1. 资源及原材料供应
	2. 现有生产条件和生产能力
	3. 扩建设施、要求及成本，扩建后生产能力
	4. 原有主要设备及需添置设备
	5. 产品标准、质检和生产成本控制
	6. 包装与储运

续表

第二部分 综述	**第三章　市场分析** 一、市场规模、市场结构与划分 二、目标市场的设定 三、产品消费群体、消费方式、消费习惯及影响市场的主要因素分析 四、目前公司产品市场状况，产品所处市场发展阶段（空白／新开发／高成长／成熟／饱和）产品排名及品牌状况 五、市场趋势预测和市场机会 六、行业政策 **第四章　竞争分析** 一、有无行业垄断 二、从市场细分看竞争者市场份额 三、主要竞争对手情况：公司实力、产品情况（种类、价位、特点、包装、营销、市场占有率等） 四、潜在竞争对手情况和市场变化分析 五、公司产品竞争优势 **第五章　市场营销** 一、概述营销计划（区域、方式、渠道、预估目标、份额） 二、销售政策的制定（以往／现行／计划） 三、销售渠道、方式、行销环节和售后服务 四、主要业务关系状况（代理商／经销商／直销商／零售商／加盟者等），各级资格认定标准政策（销售量／回款期限／付款方式／应收账款／货运方式／折扣政策等） 五、销售队伍情况及销售福利分配政策 六、促销和市场渗透（方式及安排、预算） 1. 主要促销方式 2. 广告／公关策略、媒体评估 七、产品价格方案 1. 定价依据和价格结构 2. 影响价格变化的因素和对策 八、销售资料统计和销售记录方式，销售周期的计算 九、市场开发规划，销售目标（近期、中期），销售预估（3～5年）销售额、占有率及计算依据 **第六章　投资说明** 一、资金需求说明（用量／期限） 二、资金使用计划及进度 三、投资形式（贷款／利率／利率支付条件／转股—普通股、优先股、任股权／对应价格等） 四、资本结构 五、回报／偿还计划

第二部分 综述	六、资本原负债结构说明（每笔债务的时间 / 条件 / 抵押 / 利息等）
	七、投资抵押（是否有抵押 / 抵押品价值及定价依据 / 定价凭证）
	八、投资担保（是否有抵押 / 担保者财务报告）
	九、吸纳投资后股权结构
	十、股权成本
	十一、投资者介入公司管理之程度说明
	十二、报告（定期向投资者提供的报告和资金支出预算）
	十三、杂费支付（是否支付中介人手续费）
	第七章　投资报酬与退出
	一、股票上市
	二、股权转让
	三、股权回购
	四、股利
	第八章　风险分析
	一、资源（原材料 / 供应商）风险
	二、市场不确定性风险
	三、研发风险
	四、生产不确定性风险
	五、成本控制风险
	六、竞争风险
	七、政策风险
	八、财务风险（应收账款 / 坏账）
	九、管理风险（含人事 / 人员流动 / 关键雇员依赖）
	十、破产风险
	第九章　管理架构
	一、公司组织结构
	二、管理制度及劳动合同
	三、人事计划（配备 / 招聘 / 培训 / 考核）
	四、薪资、福利方案
	五、股权分配和认股计划
	第十章　经营预测
	增资后 3～5 年产品销售数量、销售额、毛利率、成长率、投资报酬率预估及计算依据
	第十一章　财务分析
	一、财务分析说明
	二、财务数据预测
	1. 销售收入明细表
	2. 成本费用明细表
	3. 薪金水平明细表

第二部分 综述	4. 固定资产明细表 5. 资产负债表 6. 利润及利润分配明细表 7. 现金流量表 8. 财务指标分析 （1）反映财务盈利能力的指标 a. 财务内部收益率（FIRR） b. 投资回收期（Pt） c. 财务净现值（FNPV） d. 投资利润率 e. 投资利税率 f. 资本金利润率 g. 不确定性分析：盈亏平衡分析、敏感性分析、概率分析 （2）反映项目清偿能力的指标 a. 资产负债率 b. 流动比率 c. 速动比率 d. 固定资产投资借款偿还期
第三部分 附录	一、附件 1. 营业执照影本 2. 董事会名单及简历 3. 主要经营团队名单及简历 4. 专业术语说明 5. 专利证书 / 生产许可证 / 鉴定证书等 6. 注册商标 7. 企业形象设计 / 宣传资料（标识设计、说明书、出版物、包装说明等） 8. 简报及报道 9. 场地租用证明 10. 工艺流程图 11. 产品市场成长预测图 二、附表 1. 主要产品目录 2. 主要客户名单 3. 主要供货商及经销商名单 4. 主要设备清单 5. 市场调查表 6. 预估分析表 7. 各种财务报表及财务预估表

第二节 如何对接投资人（VC）

2014 年，随着阿里巴巴的上市，有句话在网络上被疯传——今天你对我爱答不理，明天我让你高攀不起。

这句话源自于阿里巴巴上市前夕马云的路演演讲，在美国面对蜂拥而至的投资人，马云的开场白实际上是——"15 年前来美国要 200 万，被 30 家 VC 拒了。我今天又来了，要 200 亿。"

马云对投资人调侃的背后，表现的其实是创业者和投资人之间的一个天然矛盾。

创业者，希望的是"雪中送炭"式的投资和支援。而 VC，最擅长做的事则是"锦上添花"，极少为创业者"雪中送炭"。

创业者与投资方之间本就是双向选择，因此，在选择创业者的同时，投资方也在被创业者筛选。但是对创业者来说，他们会多重考虑外部投资所带来的风险与利润。初创企业的一切行为都是为了在激烈的竞争中生存下来，他们并不需要锦上添花式的可有可无的帮助，他们更需要的是"雪中送炭"。

遗憾的是，VC 并不这么认为，就像马云曾经在 VC 那里吃了无数闭门羹一样。

在"中国 PE/VC 新形势挑战"分论坛上，集富亚洲董事总经理（中国南区）朱建寰称："风投坚持从最早期开始做好企业很困难，我们经常给人的印象是锦上添花，而不是雪中送炭，希望现状慢慢改变，但是需要相当长的时间，很抱歉，我们多数情况还是锦上添花。"

存在即合理，这或许才是最理性、最现实的创（业者）投（资人）合作逻辑。认清这一点，有助于创业者进行更具针对性的融资，而非毫无准备的盲目出击。

随着投资环境的越来越成熟，很多创业者对融资问题也越来越理性，他们把更多的精力放在了内部经营上，先修炼内功。比如，332掌门人叶新艺就表示："专心经营要大于热钱"，但叶新艺并不避讳风投，他对风投有着理性的认识："风投应该是锦上添花，不应该是雪中送炭；当经营理念与商业模式得到了市场的检验，夯实自身发展的基础，并走出一条良性的发展轨迹的时候，再正确利用风投资金，就会使企业稳定地发展壮大；但是从商业模式刚刚确立之时，立足未稳，就单纯的依靠风投提供企业的发展原动力，这样急功近利就极有可能酝酿经营风险。"

VC非常精明老道，创业者要想让他们投资陪自己一起玩，让他们跟自己一起"跳火坑"，承担风险。自己必须先跳火坑，自担风险，将所有身家积蓄都投进去，将公司做出个轮廓、做出个模型，让他们看到希望，他们才会过来"锦上添花"。

另外，要想让自己的公司脱颖而出，就要学会去揣摩VC们的心态，想他们之所想，弄清他们看重的究竟是哪些要素。

一、对于创业团队

由于中国的商业环境和国外成熟市场不一样，特别是在美国，有很多公司规模都很大，整个商业环境也比较规范，换一个管理团队是可以继续运转的，而且也很好找这样的管理团队。但是，在中国，由于那些刚创立的公司各有各的打法，特别是创始人更是起着灵魂的作用，其地位是不可替代的，换一个团队很可能根本就运转不下去。所以，在国内，风险投资商很少打更换创业团队的主意，也正因为如此，他们对创业团队也有着更严格的审核程序与要求。

1. 团队成员要优势互补

通常情况下，VC在考察创业团队时，都会考察团队成员搭配是否合

理，是否优势互补。戈壁基金合伙人徐晨曾说："多数情况下，我往往青睐团队多于个人，不管这个团队已经存在，还是潜在存在，因为无论个人能力有多强，有一个合适的团队支持，其能力可以更好地表现出来。同时，能否创建和谐团队也预示了公司是否有规模化的可能。

在此基础上，团队的背景越多元化，其成功的可能性相对越高。创业者最好不要有过于相似的背景，因为他们想事情的方法一样，这样的团队其实和一个人没有什么区别。不同背景的团队可以通过相互协调，相互补充，共同协作，优势才能最大化。"

2. 团队成员的人品如何

由于 VC 的投资风险巨大，且不能轻易更换创业者，所以在决定投资前，他们一般都会对创业团队的成员特别是创始人进行详尽细致的调查，通过他们的家人、朋友、合作伙伴，甚至是很久以前的老师和同学来进行。如果在这一过程中，稍有不如意，他们往往就会立即中止自己的投资。VC 们之所以这样做是基于这样一个认识：投机取巧心术不正的人不可能成就大事业。

3. 创业者要投入自己的全部身家

VC 们所进行的投资活动是一种高风险的赌博，所以，在说服他们与你一起赌之前，一定要让他们看到你的承诺与决心。正如北极光创投合伙人邓锋所说的那样："VC 就是赌人，看你到底有多大的承诺，如果你说'我把裤子都输掉了跟你一起玩'，那他肯定跟你干。"

二、对于商业模式

商业模式是创业公司存在的根本，对于 VC 来讲，商业模式同样是吸引他们的一个至关重要的投资元素。

1. 商业模式要简单

商业模式即通常所讲的盈利模式，在 VC 们眼里，那些缺乏简单明了的盈利模式的项目是没有投资价值的。商业模式的一个最基本的判定标准就是——它是否足够简单。因为，复杂的商业模式往往理解起来很困难，而且不易实现，更难以进行规模化运作。因此，简化自己的商业模式，是创业者的一个必修功课。

2. 生意的可持续性

对于这一点，软银赛富的合伙人羊东是这样解释的："我们投资了生意后，肯定想让它扩张上市，所以，如果可持续性不好，就都谈不上了。比如说快速消费品，它发展的空间足够往前走，我觉得只要有可持续性就好，生意就会比较值钱。

PC 和汽车，我觉得现在它们的可持续性就受到一点挑战。现在你买一个 PC，和买两年前的 PC、两个月以前的 PC，其实功能上差不多，那这个行业的可持续性就降低了很多。你买车，买 130 万元的车，买 30 万元的车，买 3 万元的车，都能开，都能跑 100 千米以上，而且都有空调，那么汽车厂商给客户带来的可持续性的价值就降低了很多。

而有些生意的可持续性令我们都很吃惊，比如说可口可乐，50 年前大家就喝，50 年后大家还在喝，可能再过 50 年大家依然在喝。"

三、对于财务指标

很多创业者都非常担心这个问题，害怕将风险投资引进门之后，会失去公司的控制权。事实上，创业者对此大可不必担心。对于这个问题，著名投资人周鸿祎有其独到而合理的见解："一般 VC 不要谋求做大股东，为什么？我跟某人合办一个公司，我出钱，他不出钱，我有这个公司 90% 的股份，他只有 10%，表面上看是我控制，实际要靠他运转。我

真的放 500 万美元在这个公司里, 谁天天为这个公司操心? 不是他, 是我, 这个公司的死活对他来说已经不在意了, 他会觉得就算未来挣了 5 000 万美元, 自己也就分 10%, 还不如现在想办法把这 500 万美元装在自己腰包里更实惠。

但是如果反过来, 我投了 500 万美元, 我只占 20%, 他拥有 80%, 他肯定会天天玩命地干。VC 要的就是这种精神: 我们烧钱, 他烧青春, 因为干成了他挣的钱比我们多。

你可能要说 VC 都是吃肉不吐骨头, 那你就错了, 好的 VC 一定会平衡资本和创业者之间的轻重。如果 VC 不讲游戏规则, 一上来就拿了人家创业公司 50% 的股份, 这个企业将很难做。因为创业者可能开始很傻, 后来慢慢懂了, 想为什么你占我那么大便宜, 我想每个人都会开始打算盘了, 中国人最朴实的一步——惹不起我躲得起, 我不给你干了, 总可以吧。创业者一走, 这个企业还有什么呢? 精神都没了。"

四、对于退出方式

VC 的追求的一般都是"快速获利, 套现退出", VC 的这种特性也就注定了他们不可能陪创业公司过一辈子, 他们迟早要退出, 因为他们的投资基金都有各自的生命周期, 他们要把钱还给投资人。

1. IPO（首次公开发行股票）退出

IPO 是所有创业者的梦想, 也是 VC 最理想的退出方式。美国 VC 在中国投资的公司大部分赴美国纳斯达克、中国香港联交所上市, 这两年也有公司在纽交所上市。选择合适的时机、合适的市场、合适的发行价是影响一个公司 IPO 的关键因素, 在这个选择的过程中, VC 将陪企业家走完最后一段路。

IPO 是风险投资退出的最佳渠道, 通过 IPO 可以得到较丰厚的回报。

创业者和企业管理层也比较青睐这种退出方式，因为它既表明金融市场对公司良好经营业绩的认可，同时可保持公司的独立性并获得在证券市场上持续筹资的渠道。

2. 并购退出

除了IPO，并购也是一种很好的退出方式，分众传媒对聚众传媒的收购，就是由VC们在背后促成的。不过很多VC们都认为，中国的并购市场目前还太小。

一般而言，IPO可能给创业者带来事业上的巨大成就感，但成本很高，风险也很大；兼并收购成本相对低，风险也相对少，但创业者的事业成就感可能会弱一些。其实，无论IPO还是兼并收购，重要的还是公司的发展需要。哪种方式能使公司和股东利益最大化，哪种方式对公司的长期发展最为有利，这些才是理性决策的基础。

通常情况下，第一轮的VC进入后，一般会拿走所投公司20%～30%的股份，并不会动摇创业者作为第一大股东的地位。当然，如果公司的发展势头良好，还需要进行第二轮、第三轮甚至更多次融资时，又要另当别论。

第三节 了解 VC 的投资倾向

我问一个做了十几年投资的投资人："你认为应该去投资一个刚毕业的大学生呢？还是投资一个BAT（百度、阿里巴巴、腾讯）管理层出来创业的人呢？"

他毫不犹豫地说："这还用问，肯定是BAT出来的呀！"

他又解释说："我们很多投资人，对于那些从BAT出来的创业者，给他们投个几千万是很容易的事，哪怕失败了也没什么，至少人家可靠，值得信任。我们不是不投资那些大学生，而是他们没有什么能值得我们去相信的！"

他的观点让我明白了两点：其一，有些时候不是你有多认真，吹嘘自己有多牛，而是只要做到别人觉得靠谱就够了；其二，投资人审视创业者的时候是戴着有色眼镜的，在他们眼里不同出身、不同背景的创业者早已被私自划分为三六九等。

VC：投"黄太吉"，其实就是投郝畅

2014 年，业界流传"黄太吉"被估值 12 个亿，"黄太吉"用互联网思维做煎饼果子，竟然能做到十几亿，引起了业界热烈讨论。

当初投资"黄太吉"的盛景嘉成基金创始合伙人彭志强坦言，"投黄太吉，其实就是投郝畅这个人。"

郝畅何许人也？"黄太吉"创始人。

郝畅又是如何打动彭志强的呢？

1. 郝畅确实是个人才

郝畅不只是个做煎饼的，创业之前，他曾在百度、谷歌待过，对互联网营销和用户体验的理解都很深刻。

2. 有创业者的激情

郝畅很有激情，很勤奋，睡得晚，起得早，充满正能量，大部分时候都是在考虑企业发展，聚焦而专注。

3. 有名人为之背书

盛景嘉成基金的团队之前和郝畅并没有打过交道，不过郝畅的老师中欧创业营发起者李善友教授总说这小伙子不错，而高原资本涂鸿川的投资风格一贯谨慎，也投资了"黄太吉"，说明郝畅确实靠谱。

4. 执行力超强

投资人第一次去考察"大黄疯"小火锅时，郝畅就跟他们讲现在做成什么样了，哪些与之前预想的不一样，想错了，以后要改成什么样，半个月后投资方特意又去考察，发现很多方面确实有了明显的改进和提升。

5. 能说会道

能说会道，才能忽悠到 VC 投钱，郝畅就是这样一个创业者，在彭志强眼里，郝畅是这样的："第一次与郝畅交流时，时间紧、内容多，刚开始我都担心郝畅背过气去，因为他 30 分钟连续讲话，几乎没喘过气，太能说了。"

6. 骨子里的互联网思维基因

郝畅打造的"黄太吉"，互联网思维并不只是用来做表面文章，其内部管理高度"移动互联网化"，微信是其内部管理的主要平台之一，基于微信端的信息通报系统每小时通报每一家店的订单、投诉等，而且大家还在微信上进行 PK，这就非常适合年轻人的特点，参与感、即时反馈、游戏化、快乐工作。

他们不是以营销为目的炒作互联网思维，而是互联网思维和基因已经渗入这一代新新人类的血液中。

"黄太吉"团队干什么事都在用互联网思维，营销只不过是容易被外人看到和感受到而已。这是真正可以落地的互联网思维，而不是飘在天上的概念和口号。

这样看来，VC 的"身份"也没什么不妥，换位思考一下，选投资项目、选创业者，还就得找郝畅和"黄太吉"这样的对象。

那么，什么样的企业老板、企业运营团队才能更容易得到 VC 的青睐呢？

第一，名企背景。

出自 BAT、华为、微软、谷歌的创业者，包括其资深工程师和高管，更容易获得风险投资。

截至 2014 年年底，创始人或创始团队成员来自阿里巴巴的创业公司 158 家（见图 9-1），其中 2014 年创办的公司 36 家。从投资轮次分布上看，近一半获得投资的创业公司现在处于 A 轮阶段，达到 B 轮的也有 11%，可以看出阿里系创业公司的融资进程在各大派系中是很快的。2014 年阿里巴巴系公司中蜜淘网、堆糖网、星空琴行等完成了 B 轮融资。滴滴打车的创始人程维，之前就是阿里巴巴支付宝 B2C 事业部副总经理。

阿里巴巴系获投资创业公司现阶段轮次分布

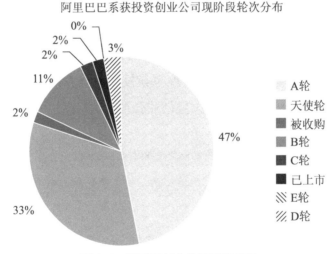

图 9-1 阿里系创业公司融资状况

截至 2014 年年底，创始人或创始团队成员来自腾讯的创业公司 156 家（见图 9-2），其中 2014 年创办的公司 32 家。从投资轮次分布上看，天使轮和 A 轮占了很大一部分比例。

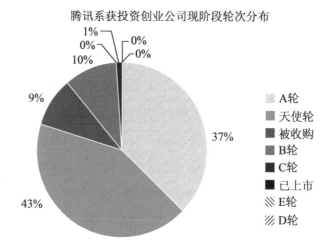

图 9-2　腾讯系创业公司融资状况

　　截至 2014 年 12 月 31 日，创始人或创始团队成员来自百度的创业公司 118 家（见图 9-3），其中 2014 年创办的公司 41 家。从投资分布上看，天使轮和 A 轮占了大部分，说明百度系获投资公司大部分处于初创阶段，这也跟百度系在 2014 年出现了大量创业公司有关。

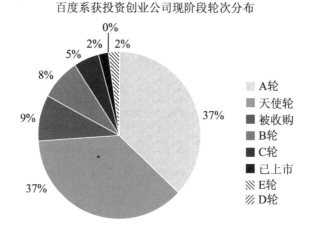

图 9-3　百度系创业公司融资状况

第二，名人效应。

名人组织团队创业，也更容易获得 VC 的垂青。比如雷军带领小米团队创业时，早已功成名就，是知名企业家。再如新东方的前总裁陈向东，出来创办"跟谁学"，也很容易打动 VC 为之埋单。

滴滴打车的 COO 柳青，加盟滴滴之前，曾是高盛亚洲区董事总经理。柳青出任滴滴 COO 后，在资本圈的人脉和能量很快得到了施展，仅仅半年后，她就为滴滴融来了 7 亿美元。

笼罩在柳青身上的另一个光环，也很为投资人所看重，她出身名门，是联想董事局主席柳传志的女儿。

第三，互补型团队。

创业团队如果能做到在出身、学历、背景、性格、能力上互补，避免同质型（比如全是技术型、市场型、内敛型、土鳖型、海归型）团队，也更容易获得风险投资。就像前面我们谈到的成功打造出携程和如家两家上市公司的"第一团队"。

另外，在互联网时代，如果创业者团队有出身互联网的，有来自传统行业的，如此优势互补的话，VC 也会看好。

比如，徐小平曾投资过一个从传统企业走出来的人，他从事纺织材料贸易，希望用互联网颠覆中间三、四层的产业链。这位创业者本人对纺织贸易了如指掌，而他的联合创始人则是从腾讯出来的，于是，在他们生平第一次见面时，徐小平就当场投了他。

第四节　投资人对创业公司的尽职调查

万通集团董事局主席冯仑有一句名言，叫"谋人钱财其难度无疑于夺人贞操"，搞风险投资的都是人精，企业老板们要撬动他们的资金，

更是难上加难，哪怕是以出让股权作为融资的代价。

简单来说，VC 们最关注的问题有这样几个——

第一，你靠什么赚钱？（关于企业商业模式）

第二，你的上下游是谁？（关于企业业务模式）

第三，如果我投你亏了怎么办？（投资保障机制）

第四，我给你的钱你都花在什么地方？（资金走向及用途）

以上问题，融资者要给出妥善而合理的解答。而在企业和 VC 就投资事项达成初步共识后，双方会签订一个投资意向书，接下来，VC 将对投资目标进行详尽而全面的尽职调查。

一旦进入正式的调查流程，VC 的尽职调查团队会包括审计师团队、律师团队、外聘的行业咨询公司、技术咨询顾问，有的甚至还会聘用私家侦探来调查目标公司创始人的背景。调查的范围从公司的财务、法律、业务、行业、团队等基本上全面覆盖。调查的方法有分内部调查和外部调查，包括各种访谈、求证、查阅等都会用到。毫不夸张地讲，在尽职调查过程中，VC 丝毫不怕麻烦，他们会将目标公司的方方面面翻个底朝天。

VC 的尽职调查，主要了解四方面的信息（见图 9-4）。

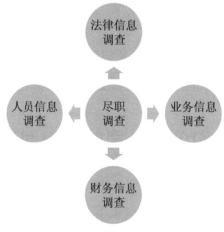

图 9-4　尽职调查的四个方向

1. 人员信息调查

投资，在很大程度上就是投人。

在尽职调查中，人的因素是重中之重，几乎所有的 VC 都把对目标公司合伙人团队、高管团队的尽职调查放在第一位，除了工作能力，VC 对创业者的人品、胸怀、格局等要素也很看重，因为他们要确保自己投进去的巨额资金能够得到善用，而人品欠佳者会让他们产生一种不安全感。

因此，VC 对于公司创业团队核心人物的调查是最全面的，也是最用心的，他们会对所有可能影响投资决策的个体因素进行调查，比如相关人士的人生经历、教育背景、性格情况、职业背景、有无犯罪经历、诚信状况等。

有时候，VC 不仅调查公司创业团队的成员，还会从侧面调查他们的声誉，以及他们的家人、朋友、伙伴对他们的看法。据说，甚至还有 VC 会聘请专业的私家侦探调查公司创业者及其家人情况，以确保自己不会看错人。

最后，VC 才会得出一个综合结论，决定是否投资。

2. 财务信息调查

主要是调查公司提交的财务报表和财务信息的真实度、健康度，风险投资商通常会选择四大会计师事务所的职业会计师，对目标公司的财务状况进行一次全面审阅，主要是看其收入确认原则、折旧原则是否合理，有无偷税漏税情况和其他财务风险。还包括以下领域的详细情况（见表9-3）。

表 9-3　财务信息尽职调查详情

资产情况	（1）公司固定资产清单，包括自有资产及租赁资产； （2）上述固定资产产权文件的复印件，包括所有原始发票、购买合同等； （3）上述固定资产设置的抵押、质押或其他担保文件； （4）劳动、人事情况，公司所拥有的、许可的或被许可的所有登记的或未登记的知识产权清单，包括专利、商标、域名、版权、商业秘密、数据库等； （5）知识产权申请登记、已登记的证明、许可或被许可有关的文件的复印件

续表

借款融资情况	（1）公司作为贷方或借方的所有借贷合同以及所有附件的复印件，以及前述借贷合同的履行情况信息资料； （2）公司在上述借贷协议项下违约（若有）情况的信息资料； （3）公司所签发的所有担保和补偿文件； （4）关于向股东或其关联方提供借款或者从股东或其关联取得借款的协议，详述利率、金额、提款日和还款日以及任何相关的担保； （5）关于公司就股东或者股东的关联方的债务向第三方提供担保的协议
财务税务情况	（1）公司成立以来的经审计的年度财务报告、审计报告及相关的账册、凭证； （2）公司的财务管理制度； （3）公司主要债务，列明贷款银行及债权人名称、借款金额、期限、还款日； （4）公司近3年经营活动产生的现金流量情况； （5）公司及其子公司于最近交税年及现有未结束年度之报税表（税务规定、纳税鉴定和完税凭证或税务单）

3. 业务信息调查

风险投资商会通过同目标公司的股东、管理层、员工、客户、合作伙伴进行详细交流，来了解公司的业务模式和盈利模式。VC 需要了解的业务信息包括但不仅限于：

（1）公司主营业务介绍；

（2）公司主营业务的所有客户名单及合作协议；

（3）是否有客户会因本次投资而停止或减少其与公司的交易；

（4）公司及其子公司、实际控制的公司所开展的业务情况；

（5）与关联方进行的交易相关的协议；

（6）近三年来，违约客户名单及详情；

（7）与公司所提供的业务有关的责任索赔（5万元以上）；

（8）对本行业国内外市场需求状况、特点及未来发展前景的描述；

（9）有关国家对本行业的产业政策及发展规划的文件；

（10）对公司未来业务发展起重大影响的因素分析，如现有优惠政策（税收）的取消、未来可能出台的支持或限制政策等。

4. 法律信息调查

法律调查主要是了解目标公司的法律结构和可能存在的法律风险，包括公司的成立是否合法，公司所在行业是国家鼓励类、限制类还是禁止类行业，以及公司的治理结构、董事会章程、公司章程的合规合法性。

为了配合投资人的尽职调查，企业通常需要提供或披露以下信息（见表 9-4）。

表 9-4　企业需向投资人披露的法律信息

公司基本信息文件	（1）公司基本情况介绍，包括公司历史沿革简介和公司业务模式； （2）公司最新的营业执照（正本副本）； （3）组织机构代码证； （4）税务登记证（正本副本）； （5）公司章程及其修订案； （6）注册会计师出具的有关公司的所有验资报告； （7）公司经营活动所需的政府批准、登记证及许可证等； （8）公司内部组织结构图、对外投资架构图（包括股权关系和实际控制关系）； （9）分公司、子公司、关联公司、合资企业或其他对外投资的清单、相关协议和文件； （10）内部规章制度（劳动人事、财务管理、投资管理等）； （11）公司当前的股权架构
公司诉讼仲裁情况	（1）有无针对公司或其任何股东的判决、裁决或其他争议解决程序？有的话，需提供该判决、裁决的复印件，并确认是否为公司或其股东设定了重大义务； （2）有关公司的现实存在的或可合理预计的诉讼、仲裁或其他争议解决程序的信息； （3）公司对任何协议的任何违反的详细情况，以及它们将导致债务提前到期或协议的解除从而对公司的业务产生重大影响； （4）公司所有正在进行的或潜在的，由有关部门，包括但不限于由税务、工商行政管理、环保、公安、医生、劳动人事、纪检等部门针对公司的执法或行政调查的清单

第五节　创业公司对投资人的反调查

大致来说，VC 在中国的历史可以分成三个阶段（见表 9-5）。

表 9-5　中国 VC 发展历程

第一阶段（1985—1995 年）启蒙阶段	在这一阶段，由于国内金融、法律环境等发展的滞后，所以，导致了国外的风险投资基金进不来，我国的风险投资基金也长不大
第二阶段（1995—2004 年）开始发展阶段	这一阶段，活跃在我国风投市场上的往往是：具有国家背景的风险投资主体，如北京创投、上海创投等，还有就是少量的国际创业投资巨头，如 IDG、华登等。1998 年，伴随着第一次的网络热潮，国内的 VC 也迎来了第一个发展的高峰，但是又随着瞬间而来的纳斯达克崩盘而逝去，让还沉浸在狂欢中的 VC 们集体跌入冰冻期。当时包括高盛、J.H.Whitney、微软的风险投资部门等机构都纷纷撤出中国，留在中国的 VC 也纷纷要求所投公司改变商业模式或削减开支
第三阶段（2004 至今）爆炸式发展阶段	这是指从 2003 年年底携程的上市开始，随着盛大、百度、分众等一浪高过一浪的纳斯达克上市热潮，VC 迎来了第二波高峰。其标志性事件是 2004 年 6 月，硅谷银行率领 30 家 VC 访华，随后包括 Sequoia 在内的硅谷顶级 VC 终于在中国落地生根，让投资中国的热度达到 10 多年来的最高点

随着近年来 VC 在国内的井喷式发展，使得投融资双方的谈判地位也悄然发生了改变，以往由于处于买方市场，融资企业是有求于 VC 的，当时的尽职调查多是 VC 对企业的单方面调查，极少有融资方能对 VC 进行反向尽职调查。

如今，风险投资已经成了卖方市场，VC 大军里也是鱼龙混杂，有李逵也有李鬼，需要融资企业擦亮眼睛去辨别，使得企业拥有更多的选择的同时，也有了挑选投资方的资格，乃至从容对 VC 展开反向尽职调查都成为了现实。

同引进合伙人一样，引进投资人也像是结婚，感觉很重要，深入而全面的了解同样不可或缺。那么，作为需要融资的企业，应该主要去了解投资机构的哪些方面呢？

一、基本背景调查

了解 VC 是何时、何地、由何人成立的？从成立到现在经历了哪些变化？投过哪些企业？这些企业从资本进入到现在都经历了哪些变化？

具体来说，需要融资方去了解的投资人信息主要有：

（1）投资人（公司/个人）情况介绍（个人简历）；

（2）投资人（公司股东）背景介绍（股东简历）；

（3）投资人（公司高管）背景介绍（高管简历）；

（4）投资人公司（股东/高层）既往成功案例介绍；

（5）资金来源情况介绍与说明；

（6）投资人（公司/个人）的银行资信证明，最近的财务审计报告以及银行存款证明单（包括现金流水）；

（7）投资人对项目的投资方式（股权投资、债权投资、债股混合）；

（8）资金所有人对于融资企业的增值服务都有哪些；

（9）投资人对于投资周期和投资回报率的要求；

（10）投资人对于投资行业方向和投资退出方式的要求；

（11）投资人对拟投资项目和持股股东以及项目公司高层的要求；

（12）投资人的投资流程是什么？从双方接触至出资/放款需要多长时间？

（13）投资人需要融资方提交哪些资料？针对所提交的这些资料，如何为项目方进行保密？

（14）投资地点和区域要求（距离投资人的半径投资范围）；

（15）投资人的战略规划、品牌打造构想以及其他有关情况等。

二、价值分析

投资方对企业的价值并不仅仅体现在资金上，融资方要充分利用投资方的资源优势来增强企业竞争力。所谓价值分析，主要是了解投资方能为企业带来哪方面的价值和资源：看具体是管理方面的，是业务

方面的，还是上市运作方面的？

验证上述问题，需要详细了解投资方的合伙人团队和以往投资项目的发展情况。

首先，要衡量一下合伙人团队的人数和他们所投资管理的企业数量是否能匹配？有的投资基金规模很大，合伙人团队却没几个人，平均下来每个合伙人要管理十余家投资企业，还要做新项目的投资，这样，即使他们再有人脉资源、再有经验、再有能力，可能对企业也产生不了太大帮助，因为精力和时间有限。

其次，要看投资方合伙人团队的资历、专业度，看其能否为企业带来稀缺的人力、市场、渠道、专业指导等资源。

三、财务投资还是战略投资

投资人投资入股公司目的主要有两种。

第一种：财务性投资。单纯的财务投资人目的和追求通常比较简单，就是通过资金注入，帮助公司快速发展，投资人收获公司发展的红利，收获财务上的回报。

这类投资人，通常不会染指公司控制权，但融资方要注意不要出让太高的股权比例，以免影响后续融资。

第二种：战略性投资。战略性投资者的战略意图比较明显，他们进行股权投资并非为了简单获得财务上的回报，通常是出于资产重组、整合的目的，他们通常会要求进入公司董事会，甚至会谋求公司的控制权。

对战略投资人，要设法弱化其对公司控股权的要求，并做好相关制度或法律设计，做好防火墙，避免"引狼入室"的可能性。

<table>
</table>

第六节 **股权退出的常见方式**

VC 参与的绝大多数股权投资的最终目的是为了退出，这是股权投资机构投资管理的最后一步，也是衡量投资失败与否的重要标准，当然也不排除少量战略投资者是为了长期持有股票。

常见的股权退出方式主要有以下几种（见图9-5）。

图 9-5　股权退出的常见途径

1. IPO 退出

IPO，即首次公开发行股票（Initial Public Offering），也就是人们通常所讲的上市。投资企业发展成熟以后，通常会在证券市场挂牌上市，股权投资者可以通过公开市场交易的方式实现增值退出，这是最理想的一种退出方式。因为证券市场有其独特的杠杆作用，公司成功上市往往意味着股票的大幅度增值。

目前，企业进行 IPO 的途径主要有境内上市和境外上市两种。境内主要是在深交所（深圳证券交易所）、上交所（上海证券交易所）、港交所（中国香港地区证券交易所）和新三板，境外交易市场主要有纽约证券交易所和纳斯达克等。

IPO 退出的优势是明显的，即回报率高。它的缺点在于，IPO 操作起来极其烦琐，对企业资质和经营、财务指标有着较高的要求，拟上市企业需要提前进行长期而周密的筹备，操作的成本非常高。据不完全统计，2016 年成功实现 IPO 的企业，为之付出的综合成本大概在 4 500 万元。

另外，企业实现 IPO 后，为了稳定股价，往往会规定一个股票禁售期，从而为投资人的退出变现增加了不确定性风险。

2. 并购退出

并购是指某个企业或企业集团通过谈判协商的方式购买其他企业的全部或部分股权，从而达到参股或控制其他企业的目的。

并购有两种形式：第一种是正向并购，即进行股权投资的企业，为了扩大规模、提高市场占有率或整合资源，以实现快速发展，而对外部企业进行并购。这种情况下，投资人的股份通常会稀释，可以选择继续持有，或直接转让退出；第二种是反向并购，即投资企业被外部公司并购，投资人可以出让股权，收回投资。

并购退出方式的优点很明显。

第一，交易快捷。并购双方通过私下谈判，协商一致即可进行，避免了企业在 IPO 过程中的烦琐程序和相关部门的严格监管与限制，双方交易达成后，投资方即可实现资金的回笼。通常，选择并购方式的企业，往往是属于那种发展良好，但是上市基本无望或需要进行漫长等待的企业，各方出于利益折中的考虑，才退而求其次，选择并购。

第二，交易成本低。并购交易是交易企业双方进行的，无须像 IPO 那样付出大量的人力成本、时间成本和中介交易承销成本。

第三，收益相对较高。投资人通过并购退出获得的收益相对也不错，但会低于 IPO 的回报率，另外可实现股权的一次性转让，能避免不少麻烦。

第四，可以保密进行。并购具有较高的信息保密度，无须像 IPO 那样进行充分的企业信息公示与披露。

并购退出的缺点也很明显，它的收益率明显要低于IPO退出。而且，如果投资人选择并购后继续持有股份的话，还会面临两家并购企业磨合不畅和控制权易手的风险。

3. 回购退出

回购，主要是由企业创始人或管理层从外部投资人手中回购股票。回购通常发生在以下几种情况。

第一，企业经营稳定，但是上市无望，根据之前投资双方签署的投资协议，由公司创始股东向投资人回购股权。

第二，公司创始股东为了提升持股份额或掌握公司控制权，同时投资人也有意向出让股权时，由创始股东向投资人回购股权。

第三，根据投资协议的规定，当投资期限届满之后或公司在预定期限未能成功上市，由被投资企业购回投资人所持有的公司股权。

公司本身是不能进行股权回购的，执行回购的通常是公司的创始人或实际控制人。而回购的前提是，回购人要能够筹集到足够的资金。

同上述两种退出方式相比，回购退出操作比较简便，但是收益率也较低。

4. 股权转让

股权转让是指投资人将自己持有的股份有偿转让给他人，套现退出的一种方式。股权转让也能让投资人实现全身而退，并且获得相对较高的投资收益。股权转让，通常发生在企业上市前景不明朗，或投资人有其他更好的投资项目需要套出资金的情况下。

5. 破产清算

破产清算多发生在所投资企业没有希望上市，企业也没有足够的资金来回收投资人手中的股权时（企业经营状况通常也陷于内忧外患的困

局），投资人在没有其他退出选择的情况下，不得已而采取的一种方式，以在最大限度上减少投资损失。

申请破产并进行清算的成本较高，耗时较长，而且要经过复杂的法律程序。一旦选择破产清算的方式退出，其负面效应是显而易见的，基本意味着投资的失败，只能在最大限度上采取这种止损措施，来分配企业的残值。

第十章

融资风控：
出让股权，死守公司控制权

刘强东在哈佛演讲时，曾提醒创业者，"你拿到多少融资不是你的财富，你拿到多少融资，你将来就要 10 倍、20 倍的把这个还回去，风险投资的成本是全世界最高的。"

天下没有免费的午餐，VC 向企业投入资金，必然会对企业提出相应要求，比如业绩、网站点击量、客户规模等。

股权融资于企业而言是一面"双刃剑"，可以带来公司发展所急需的资金、资源和人脉，同时也潜藏着风险。公司控股股东在同投资方签订协议前，要客观评估公司的成长能力，不要为了获得高估值的融资额，做出不切实际的业绩保证或不合理的人员安排保证，以免对赌失败，失去公司控制权。

第一节 股权融资是一把"双刃剑"

VC 能赚钱，但更能赔钱。大家看到京东、阿里巴巴等公司上市，创业者和 VC 们赚得盆满钵满，却看不到很多创业者、VC 的投入血本无归。

VC 能够成就企业，但一不小心，也能将企业拉入无底深渊。8848 就是一个令人惋惜的例子。

8848：盛极一时到衰微

王峻涛 1999 年开始在北京筹划电子商务项目，不久 8848.net 开通，跟阿里巴巴同一个时代的公司，一样的商业模式。

当公司融资问题提上日程时，VC 们蜂拥而至。除了 IDG，还有雅虎、软银和其他华尔街投资企业和个人。经过数轮的资本介入，创业者的股份被充分稀释，IDG 成为最大股东，同时也掌控了公司的话语权。

2000 年 7 月，8848 拿到了中国证监会的正式批文，8848 还在纳斯达克进行了路演，甚至已经取得了股票上市的代码。

在最后关头，8848 董事会内部却出现了严重分歧。分歧主要集中在 IPO 的价格上，那时全球互联网泡沫正在破灭，纳斯达克互联网概念股估价自 2000 年 4 月起开始下滑，已经先行上市的国内网络公司网易、新浪的股价已经跌到了摘牌的边缘。

这些因素直接影响了 8848 IPO 的定价，只有 10 美元左右，而当时 8848 的私募价格已经达到了每股八九美元。VC 们认为，如果以 10 美元每股 IPO 价格上市，那么后来进入的投资者就几乎无利可图，VC 们的股票就无法迅速套现，这是让他们难以接受的。

大股东 IDG 建议推迟上市，等待纳斯达克回暖。然而人算不如天算，纳市并没有出现意料中的反弹，而是一路狂泄。8848 的上市日期一推再推，眼巴巴地看着自己最终错过纳市规定的 6 个月期限。

既不想亏本上市，也不能继续傻等纳斯达克的回暖，不甘心的投资者找到了另一根救命稻草——B2B。计划让在 B2C 电子商务领军的 8848，改变商业模式为 B2B，这在公司内部引发了巨大的矛盾与争吵。

最后，投资人决定将 8848 的 B2C 业务拆分出来，只留下刚发布的 Market Place 和 ASP 业务，单独以 B2B 的概念上市。分拆出来

的 B2C 业务由王峻涛另找投资人买下，自己经营。后来事实证明，这是 8848 走向最后崩溃的转折点。

分家后的日子并不好过，王峻涛的 B2C 业务迟迟融不到资金，引发了原 8848 投资者的极大不满，王峻涛不得已选择抽身走人。接着，公司 B2C 管理层开始大量流失，业务迅速萎缩。B2B 业务由谭智全面负责，结果也不尽如人意。2001 年 9 月中旬，8848 宣布与电商网合并。但时隔不久，谭智就挂职而去。随后，8848 电商数据进入休眠状态，不久清盘，喧嚣一时的 8848 自此正式宣告消亡。

8848 最终落此下场，可以说其背后的风险资本负有不可推卸的责任。

退一步讲，即使创业者在 VC 的帮助下最终获得了发展壮大，也是要付出一定的代价的。

企业早期进行股权融资时的公司估值和股价通常会比较低，随着公司的发展壮大，估值和溢价会越来越高，融资过程中对股权的出让额度会越来越低，对创始人股权的稀释效应也在递减。因此，公司创始人要把控好融资过程中的平衡，既要确保公司发展所必须的现金流，同时兼顾公司控制权不丧失。

通常，按照正常的融资路径，一个公司需要进行五六个轮次的融资（见图 10-1）。

公司每一阶段融资出让股权比例的大小，都会对后续投资人的进入和股权出让比产生直接影响。通常，在天使轮出让股权比例建议在 10%～20%，越低越好，尽量不要超过 30%。这样，创始人才能占据主动权。

后续融资，每轮股权出让比例一般视投资人的出资额度具体来定，一般处于递减状态（在天使轮投资后天使人得到股份比例基础之上）。

另外，最关键的一点就是，创始人对于公司的发展和融资情况要有几个总体的提前规划，要充分考虑到伴随股权的不断稀释所产生的公司

控制权争夺，并做出相应预案和应对措施。

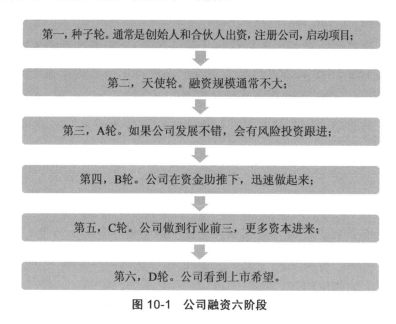

第一，种子轮。通常是创始人和合伙人出资，注册公司，启动项目；

第二，天使轮。融资规模通常不大；

第三，A轮。如果公司发展不错，会有风险投资跟进；

第四，B轮。公司在资金助推下，迅速做起来；

第五，C轮。公司做到行业前三，更多资本进来；

第六，D轮。公司看到上市希望。

图 10-1　公司融资六阶段

第二节　企业股权融资常见风险

股权融资于企业而言是一把"双刃剑"，可以带来公司发展所急需的资金、资源和人脉，同时也潜藏着风险。

一、公司控制权稀释乃至旁落风险

伴随股权融资，投资方获得企业的一部分股份，必然会导致企业原有股东对公司控制权被稀释，甚至有可能丧失实际控制权。

高成长性公司在发展过程中，公司创始人有可能会进行多种形式、多轮次的股权融资，在引进资金的同时，创始人手中的股权也会被一再

稀释，有些甚至会失去公司的控股权。

对公司创始人而言，失去控股权并不可怕，可怕的是失去公司控制权。公司控制权丧失，是股权融资给创始人带来的最大风险。

失去对公司的控制权，创始人（团队）可能无法再准确把握公司的发展方式，甚至可能会导致其一手打造的企业垮掉。

2010年5月，"1号店"创始人于刚为了解决公司资金短缺问题，从平安融资8 000万元，出让了"1号店"80%的股权，彻底失去了对公司的控制权，后来，平安金融整合"1号店"的进展并不顺利，又将股权转让给沃尔玛，不久后，"1号店"创始人于刚离职。

2016年，中国平安以16亿美元入股"汽车之家"，占股47.4%，成为第一大股东，中国平安掌握公司控制权后，烧的第一把火就是清洗"汽车之家"原高管层，"汽车之家"原CEO秦致和CFO钟奕祺均被撤换。而作为"汽车之家"创始人的李想，更是在一年前就已经被迫离开了他花费十年精力一手打造的公司，李想离开前，手里的股份已经被稀释到只有3.4%，仅比CEO秦致的3.3%高出一点点。

……

这些创始人与投资人的战争中，创始人很受伤，都以黯然离场告终。

类似的例子还有很多，发展中的公司因为成长的需要，非常渴望外部资金进入，所以不惜以极高的股权成本获得融资，甚至出让控股权和公司控制权，最终导致创始人被清洗出局。造成这种结果背后的原因，一般都是由于公司创始成员对股权架构重视程度不够，或者是太在意项目前期的发展，出让了太多股份，导致后期翻船。原本的股权融资变成了引狼入室，反受其害。

我建议，公司控股股东在同投资方签订协议前，一定要充分认识到协议条款对公司控制权的影响，要客观评估公司的成长能力，不要为了获得高估值的融资额，做出不切实际的业绩保证或不合理的人员安排保证。

二、机会风险

风险投资成本极高，堪称是最贵的融资方式，因为企业用以交换的是最宝贵的股权。同时，由于企业选择了股权融资方式，从而也就会失去其他融资方式可能给企业带来的成长机会。

因此，融资企业在同投资方签署对赌性的业绩保证协议之前，不能仅仅考虑赢得筹码时所获得的利益，而更应考虑输掉筹码时企业创始股东所要面临的风险，设想一下该风险是否在自己的承受范围之内。

三、经营风险

向企业注资后，获得企业股权的融资方通常会在企业董事会安插自己的人员，也会插手企业内部运营和管理事务，容易在公司战略、经营管理方式等方面与企业创始股东产生分歧和矛盾，导致企业经营决策上的分歧和矛盾，导致企业决策迟缓或失误。

为了避免投资方利用安插在董事会中的人员胡乱插手企业内部事务，建议融资方应在公司章程或投资协议中，对董事会如何获得授权、获得何种授权、在怎样的条件下获得授权、行使权利的期限以及对董事会行使权利不当时的救济等条款，都要做出详细而明确的规定。

四、商业机密泄露风险

公司在接洽外部投资方时，要向对方提供几乎所有的企业经营信息、财务状况、产品信息等企业商业机密，同时还要面临着投资方极其详尽的尽职调查，这使得企业在外部投资人面前几乎没有任何秘密可言，存在商业秘密泄露的风险。

为了防范此类风险，建议融资企业要注意以下事项。

第一，初步接触阶段，只提供商业计划书摘要，深度接洽时，再提供详细商业计划书文本。

第二，拟定商业计划书时，需要掌握相应技巧，尽量不要披露企业核心的商业信息、数据。

第三，了解投资方的职业操守、以往成功案例和口碑，对于职业操守不佳、口碑不好的投资方，尽量避免接触。

第四，签署保密协议，对于不得不提供的商业机密信息，务必要同投资方签署正式的保密协议，内容要包括保密范围、保密义务对象范围、对信息接收方的要求、保密期、违约责任等事项。

第三节 慎用对赌协议

对赌协议，又称"估值调整机制"（Valuation Adjustment Mechanism），主要是 VC 对企业的估值判断不准或者对财务数据存有疑问时，通过设定目标盈利水平和触发条件，来避免不可预知的盈利能力风险。

简单来说，就是投资方与融资方在达成融资协议时，对未来不确定情况进行的一种约定。如果约定的条件出现，投资方可以行使一种权利；如果约定的条件不出现，则融资方可行使一种权利。从本质上讲，对赌协议实际上就是期权的一种表现形式。

天下没有免费的午餐，VC 向企业投入资金，必然会对企业提出相应要求，比如业绩、网站点击量、客户规模等。常见的对赌协议条款通常是以创业公司未来的经营业绩为对赌的标的，以创业者和投资者之间相互转让一部分股权或退回一部分投资款作为赌注，目的是激励创业团队努力工作以达到预期目标的条款，实现双赢。

案例1
蒙牛管理层对赌摩根士丹利

在蒙牛发展的过程中，资金短缺一直是一个让企业头疼的难题。而摩根士利丹的出现，却为蒙牛指引出一条与众不同的融资之路。一般来说，投资无非是以直接投入资金的方式来获得对方企业的股权，但是摩根士丹利和蒙牛却给我们上了一堂印象深刻的股权"投资技巧"课。

2002年6月，摩根士丹利在开曼群岛注册了开曼公司，而牛根生以及蒙牛的投资人、业务联系人和雇员，在2002年9月分别成立了两家公司，即金牛和银牛，并分别以每股1美元的价格收购了开曼公司50%的股份，而摩根士丹利等三家国际投资机构又以认股的方式向开曼公司注入了人民币2.1亿元的资金，最终成为蒙牛的上市主体，拥有蒙牛32%的股份。在该资本运作的背后，双方还达成了这样的协议：如果蒙牛在一年之内没有完成双方约定的增长任务，那么投资方就将拥有蒙牛的绝对控股权，且可以随时更换管理层。幸运的是，在2003年8月，蒙牛就提前完成了任务，从而保住了在上市公司的控股权。

2003年，蒙牛的管理层又与摩根士丹利签署了业绩对赌协议，约定2003—2006年，蒙牛乳业的业绩复合年增长率不低于50%，如果达不到，蒙牛公司管理层将输给摩根士丹利约6 000万～7 000万股的上市公司股份；若业绩增长达到目标，则摩根士丹利等机构就要拿出自己的相应股份奖励给蒙牛管理层。

2004年6月，蒙牛管理团队再次如期完成了双方约定的业绩增长目标，摩根士丹利等机构如约兑现了给予蒙牛管理层的股份奖励，换股时蒙牛乳业股票价格在6港元以上，因此蒙牛管理层获利高达4亿港元以上，而蒙牛业绩的高速增长，也提高了公司股价，使包括摩根士丹利等机构在内的利益相关方都成为了赢家。

案例2

对赌失败，章燎原或失去对三只松鼠的控制权

2017年4月22日，"三只松鼠"正式提交上市招股书，拟登陆创业板。据三只松鼠招股书显示，该公司在引入IDG和今日资本的投资时，存在随售权、回购权、连带并购权、优先清算权、反稀释权、重大事项一票否决权等投资人特殊权利安排。

不过，有一个插曲需要提一下，2015年12月，三只松鼠进行过一次股改，上面提及的投资人享有的特殊权利可以被有条件终止，其对赌条件为：若三只松鼠在24个月（两年）内上市成功，则上述投资方特殊权利被永久废除；若不成功，则投资人的权利将重新恢复。

也就是说，三只松鼠如果在2017年12月底前成功上市的话，投资人的额外权利将被废止；否则，创始人章燎原很可能失去对三只松鼠的控制权。

然而，在2017年12月12日，证监会发布公告称，鉴于三只松鼠股份有限公司尚有相关事项需要进一步核查，决定取消第十七届发审委第72次发审委会议对该公司发行申报文件的审核。三只松鼠的上市审核进程被叫停。

以目前情形看，由于对赌失败，即使章燎原不失去公司控制权，也会付出较大的代价。

总体来讲，对赌协议，对需融资的创业企业来说是有利有弊，优点是能够快速获得投资机构信任，获得企业发展所急需的大额资金，实现低成本融资和快速发展；弊端是，一旦企业业绩达不到对赌协议约定的标准，公司创始股东将会失去大量股权，不仅损失巨大，而且很可能会导致原股东对公司控制权的丢失。

比如，前些年闹得沸沸扬扬的太子奶与投资者（高盛、英联以及摩根士丹利）的对赌事件，当时双方对赌——如果太子奶集团完不成30%

的业绩增长，则太子奶集团董事长李途纯将失去对公司的控股权。结果太子奶董事长李途纯惨败，不仅失去控制权，其舅舅高博文还因此自杀，其弟弟瘫痪，其妹妹偏瘫，被对赌协议搞得家破人亡。

创业公司同 VC 签署对赌协议时，一定要慎之又慎，否则一不小心就将陷入万劫不复的深渊。

一、慎用对赌协议

创业企业在融资时慎用此条款，若要使用，需对企业经营状况有明确的判断，同时可约定一个向下浮动的弹性标准，且在条款中设计一些盈利水平之外的柔性指标作为评价标准，以减轻企业创始团队的经营压力。

二、通过其他途径设法赢得 VC 信任

在国内，对赌协议的出现，根源在于 VC 对创业者的不够信任，这种不信任是由多种因素造成的，比如整个行业普遍的造假现象、会计准则与发达国家不接轨、时间紧迫来不及对创业公司做深入尽职调查。此外，也有一些制度上的因素，在海外很少有 VC 会跟企业签署对赌协议，因为 VC 的投资有很多制度上的保障，比如可以采用可转换债及优先股等方式，而国内没有优先股，于是，对赌协议就应运而生。

因此说，如果创业团队能够依靠自己的项目、业绩、能力、资历或人品等其他因素来赢得 VC 的信任，打消他们的顾虑，自然就不用签对赌协议。

三、注意法律风险

对赌协议起源于国外，是国外企业在投资、并购等过程中调整投资

方和融资方利益的一种机制。国内同 VC 签署对赌协议的公司，多是选择境外上市。

但是，我国现行法律对于对赌协议的规制尚属空白状态，对赌协议的效力也仍受争议。如果融资企业计划在境内上市，由于我国证监会已经明确上市时间对赌、股权对赌协议、业绩对赌协议、董事会一票否决权安排、企业清算优先受偿协议五类 PE 对赌协议，是 IPO 审核的禁区。这种情况下的对赌协议更要谨慎而为。

第四节 保护公司控制权的法律条款设计

在股权不断稀释的过程中，如何掌握公司控股权，是公司创始人无法绕过的一个问题，在实操中，公司会面临各种各样的股权结构、融资需求，在面对不同的投资人时，会拥有不同的谈判砝码，获得不同的话语权分割。进而，对于保护公司控制权的制度设计也是多种多样，不过是要切合企业实际。

一、投票权委托

投票权委托，即公司部分股东通过相关协议约定，将手中持有的股票投票权委托给特定股东（通常是创始人），以增加特定股东的投票权重，增加其投票权比率。

投票委托计划还有一种操作形式是，公司的创始小股东将投票权委托给核心创始人，例如，假设某公司核心创始人拥有 35% 的表决权，不超过半数，这时，公司其他拥有 25% 以上表决权的创始小股东，就可以将表决权委托给核心创始人，使其取得绝对的表决权。

另外，如果公司创始人足够强势，外部投资人也会将手中的投票权委托给他们，当然这一点要取决于双方的前期沟通及博弈结果。例如，根据京东商城的招股书，在该公司上市前，就有包括老虎基金、高瓴资本、今日资本以及腾讯在内的 11 家投资机构将投票权委托给了刘强东行使，使其拥有了超过半数的投票权。

二、双层股权结构

双层股权结构，即让股权和投票权相分离。这种方式又称 AB 股计划，即"同股不同权"制度。其操作要点是：将公司股票区分为 A 序列普通股（Class A common stock）与 B 序列普通股（Class B common stock）。A 序列普通股通常由外部机构投资人与公众股东持有，拥有低投票权和低决策权，B 序列普通股则通常由创业团队和创始人持有，具有高投票权和高决策权。

通常，高投票权的股票每股具有 2 ～ 10 票（甚至更高）的投票权，主要由公司创始人或高管团队持有；低投票权的股票其投票权只占高投票权股票的 10% 左右，有的甚至没有投票权，一般由外部投资股东持有。

例如，2004 年，谷歌在上市时，就采取了双层股权结构的制度设计，发行 A、B 两种股票，其中 A 型股票每股只拥有 1 份投票权，而 B 型股票每股则拥有 10 份投票权。有资格持有 B 型股票的只有公司创始人谢尔盖·布林、拉里·佩奇和前首席执行官埃里克·施密特三人。这种设计，使得三人在未掌控公司控股权的情况下，能够得到超过 50% 的投票权，从而间接获得公司控制权。

目前，法律允许双层或多层股权存在的国家主要有美国、日本、德国、意大利、加拿大、瑞典、瑞士等国家。

在我国，由于《中华人民共和国公司法》规定"同股同权"，因此，双层股权架构的制度设计在法律上就无法实现。不过，也有一些变通措施，

比如《中华人民共和国公司法》允许公司章程对投票权进行特别约定（有限责任公司），允许股东在股东大会上将自己的投票权授予其他股东代为行使（股份有限公司），允许部分人执行企业事务（有限合伙企业）。

因此，在目前的《中华人民共和国公司法》框架下，如果公司想要在事实上突破"同股同权"的限制，可以在"同股同权"后加入"章程另有约定的，从其规定"即可。

为了规避法律风险，大量有着双重股权结构设计的公司，往往会选择前往美国上市。

三、一致行动计划

当公司无控股大股东，也没有实际控制人时，公司创始人就可以和其他股东签署一致行动人协议，以确保在股东意见不一致时，某些股东能够跟随自己采取统一行动，保证自己对公司的控制力。

例如，杭州某科技公司的创始股东有六人，股权比较分散，不存在持股超过半数的控股股东，也没有表决权超过半数的股东。

公司董事长、总经理和财务总监三名重要创始人，分别持有30%、25%、20%的股权，合计持股75%，为了避免公司在决策上的分歧，三人就通过签署《一致行动协议书》并对相关表决事项进行约定，从而确保了对公司控制权的牢牢掌控和公司权力的顺利行使。

四、有限合伙制

有限合伙是一种新型的合伙制度，它将公司合伙人分为普通合伙人和有限合伙人。其中，普通合伙人享有公司管理权，行使管理职能，参与公司决策，而有限合伙人只作为出资方，获得相应股权，而不参与公司的具体决策和管理。

所以，可以通过制度设计，将创始股东之外的股东圈定在有限合伙人的范畴内，避免他们对公司控制权的插手。

五、股息补偿法

"股息补偿法"称得上是双层股权结构的延伸，公司创始人可以在原有股权结构之上，设计一个新的"次级投票权"的股权结构，即给予公司创始人之外的股东，以较低的投票权，同时作为补偿措施，他们可以分得较高的股息。这样操作可谓皆大欢喜，大股东拥有了公司控制权，小股东提高了自己的收益权，而将意义不大的投票权予以削弱。

六、借助法人代表和公章掌握公司控制权

在我国法律框架下，公司董事长或总经理通常是公司法人代表。公司法定代表人在法律规定的框架下，代表公司对外行使职权，其职务行为即公司行为，其职务行为所导致的法律后果将由公司承担。

另外，公章也是中国式公司权力行使的一个标志，公司对外合作是否具备法律效力，其中一个重要衡量标准就是是否盖了公章。

因此，公司可以借助法人代表和公章这两大武器，来加强对公司的控制权。

第四篇

IPO 上市

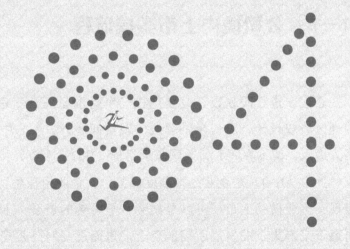

第十一章

公司上市：
上市公司股权处置及股权激励

上市（IPO）是企业经营高度规范化、企业超强盈利能力的一个集中表现。企业借助上市，可以募集到一笔可观的资金，上市后还可以通过再融资来筹集企业发展所需的资金，进而展开对外投资、兼并、收购等活动，能够从根本上解决企业对资本的需求。

而且，伴随公司的上市，随着公司原始股的暴涨，所有参与公司股权分配的利益相关者如公司创始人、核心高管、普通员工，以及外部投资人，都会收获各自的利益，身价倍增。

第一节 公司境内上市实操流程

企业在进行股权设计时要把控一个基本原则——考虑当下目标（需要通过股权设计、股权激励解决的现实问题）、不忘中期目标（外部投资人进入，留下空间）、兼顾长远目标（IPO、上市）。

上市（IPO）是企业经营高度规范化、企业超强盈利能力的一个集中表现。企业借助上市，可以募集到一笔可观的资金，上市后还可以通过再融资来筹集企业发展所需的资金，进而展开对外投资、兼并、收购等活动，能够从根本上解决企业对资本的需求。

上市可以推进企业进入发展的快车道，也是外部投资人投资企业的一个最终目的和理想归宿。拟在境内上市的公司需要满足如下条件（见表11-1）。

表 11-1 公司境内上市条件

项　　目	主板上市	创业板上市
营业收入	3 年累计营业收入超过人民币 3 亿元	最近一年营业收入不少于 5 000 万元，最近两年营业收入增长率均不低于 30%
净利润	连续 3 年盈利，且盈利总额累计超过 3 000 万元	连续 2 年盈利，且累计不少于 1 000 万元；或者最近 1 年盈利，且净利润不少于 500 万元
经营性现金流入（与营业收入指标二选一）	3 年经营性现金流量净额累计超过 5 000 万元	暂无要求
净资产及股本总额	发行前股本总额不少于 3 000 万元	发行前净资产不少于 2 000 万元，发行后股本总额不少于 3 000 万元

符合上市条件的公司，须按以下流程推进上市事宜。

一、上市前辅导

新设或改制后的股份有限公司，拟公开发行股票的话，在向中国证监会提出股票发行申请前，均须由具有主承销资格的证券公司进行为期一年的辅导（见表 11-2）。

表 11-2 公司上市前辅导流程及内容

辅导流程	1. 聘请辅导机构。辅导机构应当具有保荐资格，并经证券经营机构以及其他经有关部门认定 2. 签署辅导协议。同辅导机构签署正式辅导协议，前往股份公司所在地的证监局办理辅导备案登记手续 3. 开始辅导。辅导机构每个季度需向当地证监局报送一次辅导工作备案报告 4. 提出整改建议。针对股份公司存在的问题，辅导机构应提出整改建议，并督促股份公司完成整改 5. 书面考试。参与辅导的人员应接受由辅导机构进行的至少一次书面考试 6. 向当地证监局提交辅导评估申请 7. 证监局验收，出具辅导监管报告 8. 向社会公告准备发行股票的事宜。股份公司应在辅导期满 6 个月之后 10 天内，就接受辅导、准备发行股票的事宜在当地至少两种主要报纸连续公告两次以上

续表

辅导内容	1. 督促公司董事、监事、高级管理人员、持有 5% 以上（含 5%）股份的股东（或其法定代表人）进行全面的法规知识学习或培训 2. 督促公司按照有关规定初步建立符合现代企业制度要求的公司治理体系 3. 核查公司在设立、改制重组、股权设置和转让、增资扩股、资产评估、资本验证等方面是否合法、有效，产权关系是否明晰，股权结构是否符合有关规定 4. 督促公司实现独立运营，做到业务、资产、人员、财务、机构独立完整，主营业务突出，形成核心竞争力 5. 督促公司规范与控股股东及其他关联方的关系 6. 督促公司建立和完善规范的内部决策和控制制度，形成有效的财务、投资以及内部约束和激励制度 7. 督促公司建立健全公司财务会计管理体系，杜绝会计造假 8. 督促公司形成明确的业务发展目标和未来发展计划，制定可行的募股资金投向及其他投资项目的规划 9. 对公司是否达到发行上市条件进行综合评估，协助开展首次公开发行股票的准备工作

二、筹备、发行申报

（一）准备工作

（1）聘请律师和具有证券业务资格的注册会计师分别着手开展核查验证和审计工作。

（2）同保荐机构共同制定初步发行方案，明确股票发行规模、发行价格、发行方式、募集资金投资项目及滚存利润的分配方式，形成相关文件以供股东大会审议。

（3）对募集资金投资项目的可行性进行评估，并出具募集资金可行性研究报告。需要相关部门批准的募集资金投资项目，应取得有关部门的批文。

（4）如需环保部门出具环保证明的设备、生产线等，应组织专门人员向环保部门申请环保测试，并获得环保部门出具的相关证明文件。

（5）整理公司最近 3 年的所得税纳税申报表，并向税务部门申请出具公司最近 3 年是否存在税收违规的证明。

（二）申报股票发行所需文件

（1）招股说明书及招股说明书摘要。

（2）最近 3 年审计报告及财务报告全文。

（3）股票发行方案与发行公告。

（4）保荐机构向证监会推荐公司发行股票的函。

（5）保荐机构关于公司申请文件的核查意见。

（6）报证监局备案的《股票发行上市辅导汇总报告》。

（7）律师出具的法律意见书和律师工作报告。

（8）企业申请发行股票的报告。

（9）企业发行股票授权董事会处理有关事宜的股东大会决议。

（10）本次募集资金运用方案及股东大会的决议。

（11）有关部门对固定资产投资项目建议书的批准文件（如需要立项批文）。

（12）募集资金运用项目的可行性研究报告。

（13）股份公司设立的相关文件。

（14）其他相关文件。

（三）核准流程

上市公司在主板和创业板首次公开发行股票，核准流程有所不同，详情如表 11-3 所列。

表 11-3　公司上市核准流程

主板上市核准流程	（1）申报。发行人应当按照中国证监会的有关规定制作申请文件，由保荐人保荐并向中国证监会申报。特定行业的发行人应当提供管理部门的相关意见
	（2）受理。中国证监会收到申请文件后，在 5 个工作日内做出是否受理的决定
	（3）初审。中国证监会受理申请文件后，由相关职能部门对发行人的申请文件进行初审
	（4）预披露。根据《中华人民共和国证券法》第二十一条的规定，发行人申请首次公开发行股票的，在提交申请文件后，应当按照国务院证券监督管理机构的规定预先披露有关申请文件

主板上市核准流程	（5）发审委审核。相关职能部门对发行人的申请文件初审完成后，由发审委组织发审委会议进行审核 （6）决定。中国证监会依照法定条件对发行人的发行申请作出予以核准或者不予核准的决定，并出具相关文件
创业板上市核准流程	（1）发行公司董事会应当依法就首次公开发行股票并在创业板上市的具体方案、募集资金使用的可行性及其他必须明确的事项作出决议，并提请股东大会批准 （2）发行人应当按照中国证监会有关规定制作申请文件，由保荐人保荐并向中国证监会申报 （3）中国证监会收到申请文件后，在 5 个工作日内做出是否受理的决定 （4）发行人应当自中国证监会核准之日起 6 个月内发行股票；超过 6 个月未发行的，核准文件失效，须重新经中国证监会核准后方可发行 （5）股票发行申请未获核准的，发行人可自中国证监会做出不予核准决定之日起 6 个月后再次提出股票发行申请

三、促销、发行

（一）询价

首次公开发行股票，应当通过向特定机构投资者询价的方式确定股票发行价格。

询价结束后，公开发行股票数量在 4 亿股以下、提供有效报价的询价对象不足 20 家的，或者公开发行股票数量在 4 亿股以上、提供有效报价的询价对象不足 50 家的，发行人及其主承销商不得确定发行价格，并应当中止发行。

（二）路演

在发行准备工作已经基本完成，且发行审查已经原则通过的情况下，主承销商（或全球协调人）将安排承销前的国际推介与询价，该阶段工作主要包括以下几个环节。

1. 预路演

预路演是指由主承销商的销售人员和分析员去拜访一些特定的投资

者，通常是大型的专业机构投资者，听取他们对股票发行价格的意见及看法，了解市场需求，并据此确定一个价格区间。

2. 路演推介

在主承销商的安排和协助下，由发行人面对投资者公开进行的、旨在让投资者通过与发行人面对面的接触更好地了解发行人，进而决定是否进行认购的一个过程。

3. 簿记定价

簿记定价主要是统计投资者在不同价格区间的购买需求量，以把握投资者需求对价格的敏感度，从而为主承销商（或全球协调人）的市场研究人员对定价区间、承销结果、上市后的基本表现等进行研究和分析提供依据。

以上环节完成后，主承销商（或全球协调人）将与发行人签署承销协议，并由承销团成员签署承销团协议，准备公开募股文件的披露。

四、上市

（1）拟定股票代码与股票简称。股票发行申请文件通过发审会后，发行人即可提出股票代码与股票简称的申请，报深交所核定。

（2）上市申请。发行人股票发行完毕后，应及时向深交所上市委员会提出上市申请，并需提交相关文件。

（3）审查批准。证券交易所在收到发行人提交的全部上市申请文件后7个交易日内，做出是否同意上市的决定并通知发行人。

（4）签订上市协议书。发行人在收到上市通知后，应当与深交所签订上市协议书，以明确相互间的权利和义务。

（5）披露上市公告书。发行人在股票挂牌前3个工作日内，将上市公告书刊登在中国证监会指定报纸上。

（6）股票挂牌交易。申请上市的股票将根据深交所安排和上市公告

书披露的上市日期挂牌交易。一般要求，股票发行后 7 个交易日内挂牌上市。

（7）后市支持。需要券商等投资机构提供企业融资咨询服务、行业研究与报道服务、投资者关系沟通等。

第二节 公司上市后股权套现的问题

2004 年 6 月 16 日，腾讯上市当日，造就了 5 位亿万富翁，7 位千万富翁和几百名百万富翁。

2005 年 8 月 5 日，百度在美国挂牌上市，当天，百度创始人李彦宏，以及公司核心高管刘建国、徐勇、梁冬、朱洪波等 8 人，瞬间成为亿万富翁。同时，百度的上市还诞生了 50 位千万富翁，200 多位百万富翁，当夜，所有的股东情绪兴奋，彻夜无眠，庆祝狂欢。甚至，就连百度的一位前台小姐也成了百万富翁。

2006 年 7 月，史玉柱在开曼群岛注册巨人网络公司。2007 年 11 月 1 日，巨人网络集团有限公司即成功在纽约证券交易所上市，当天市值高达 42 亿美元，企业成立仅仅一年多就成功赴境外上市，创下了企业上市最快速度的纪录。随着公司上市，史玉柱身价一举突破人民币 500 亿元。此外，巨人网络的上市还制造了 21 名亿万富翁，将近 200 名百万和千万富翁，其中有很多都是提前认购了巨人网络原始股的外部投资人。

2010 年 4 月 26 日，海普瑞这家鲜为人知的生物医药公司，以每股 148 元的价格招股，按这个价格计算，公司创始人李锂、李坦夫妇合计持有 28 803.7 万股，其身家为 426.29 亿元，在此之前几乎没有人知道的李锂夫妇一时间荣登内地首富。

2014 年 9 月 19 日上午 9 点半，阿里巴巴在纽约证券交易所敲钟上市，

当天股票报收 93.89 美元，涨幅达 38.07%，市值达 2 314.39 亿美元。正如同之前马云对童文红的承诺一样，30 位阿里巴巴合伙人以及多位联合创始人等，全部成为亿万富豪，其中马云以超过 280 亿美元资产成为中国新首富，按阿里巴巴有 50% 的员工持股估算，10 000 多名阿里巴巴员工将平均可套现超过 400 万美元（超过人民币 2 400 万元）。一夜之间，阿里巴巴总部所在地杭州，出现了大量亿万、千万、百万富翁。

……

伴随公司的上市，随着公司原始股的暴涨，获利的不仅仅是持股的公司创始人、核心高管和普通员工，更有成功进行了股权投资的外部投资人。

当然，上市股东的以上身价只是账面上的，若想变现还涉及公司上市后原始股转让和股权套现的问题。

一、关于上市公司股权转让的法律、法规

1. 《中华人民共和国公司法》相关规定

《中华人民共和国公司法》第一百四十二条有如下规定。

发起人持有的本公司股份，自公司成立之日起一年内不得转让。公司公开发行股份前已发行的股份，自公司股票在证券交易所上市交易之日起一年内不得转让。

公司董事、监事、高级管理人员应当向公司申报所持有的本公司的股份及其变动情况，在任职期间每年转让的股份不得超过其所持有本公司股份总数的百分之二十五；所持本公司股份自公司股票上市交易之日起一年内不得转让。上述人员离职后半年内，不得转让其所持有的本公司股份。公司章程可以对公司董事、监事、高级管理人员转让其所持有的本公司股份作出其他限制性规定。

2.《上海证券交易所股票上市规则》

《上海证券交易所股票上市规则》关于上市公司股票转让的相关规定有：

发行人向本所申请其股票上市时，控股股东和实际控制人应当承诺：自发行人股票上市之日起三十六个月内，不转让或者委托他人管理其已直接和间接持有的发行人股份，也不由发行人收购该部分股份；发行人在刊登招股说明书之前十二个月内进行增资扩股的，新增股份的持有人应当承诺：自发行人完成增资扩股工商变更登记手续之日起三十六个月内，不转让其持有的该部分新增股份。

3.《深圳证券交易所股票上市规则》

《深圳证券交易所股票上市规则》关于上市公司股票转让的相关规定有：

发行人向本所提出其首次公开发行的股票上市申请时，控股股东和实际控制人应当承诺：自发行人股票上市之日起三十六个月内，不转让或者委托他人管理其持有的发行人股份，也不由发行人回购其持有的股份。本条所指股份不包括在此期间新增的股份。

如发行人在股票首次公开发行前十二个月内（以刊登招股说明书为基准日）进行过增资扩股，新增股份的持有人在发行人向本所提出首次公开发行股票上市申请时应当承诺：自持有新增股份之日起（以完成工商变更登记手续为基准日）的三十六个月内，不转让其持有的该部分股份。

二、股权转让的涉税问题

1. 国内股权转让涉税问题

经国务院批准，自 2010 年 1 月 1 日起，对个人转让上市公司限售股

取得的所得按 20% 税率征收个人所得税。对个人转让从上市公司公开发行和转让市场取得的上市公司股票所得继续实行免征个人所得税政策。

另外，转让限售股所得将征 20% 个人所得税，计征方法是，以每次限售股转让收入，减除股票原值和合理税费后的余额，为应纳税所得额。

2. 美国股权转让涉税问题

对于股权转让的税费，根据美国税法规定，股东持有股票的时间越长，可享受税收优惠的力度越大。公司上市后不满 12 个月转让的，税率最高达 39.6%；公司上市后 12 ～ 18 个月转让股票的，税率为 28%；超过 18 个月转让的，税率为 20%。

第三节 公司上市后对外股权投资的问题

股权投资是新的资金运作模式，高风险，高收益，是新的财富裂变式积累方式。据了解，中国当前资产排名前 100 位的富豪，其身价都是源自所持股权价值的增值，几乎没有一个不是靠原始股（投资）赚钱的。

今天，中国正在快速进入资本投资时代，财富的倍增逻辑已经发生变化。2017 年全国两会也给股权投资领域带来了一系列利好消息：

首先，国家开始鼓励股权投资基金的设立；其次，国家相关制度或机构将会致力于引导股权投资基金的良性发展。

股权投资本身，也称得上是当今中国最赚钱、盈利能力最强的一种商业模式。

2000 年，香港李泽楷旗下的盈科动力，向腾讯注资 110 万美元，占股 20%，一年后，盈科将手中的腾讯股权以 1 260 万美元的价格出售给了南非"米拉德"（MIH）国际控股集团，这项投资，仅仅一年时间，

回报率就高达十余倍。

再来看这家来自南非的接盘手，至今，"米拉德"（MIH）国际控股集团仍旧是腾讯第一大股东，持股 34.27%，现如今腾讯市值已突破 4 000 亿美元，"米拉德"所持股权市值在 1 000 亿美元以上。如果单纯计算该集团当初以 1 260 万美元从李泽楷手中购得的 20% 股权，其当前市值约为 800 亿美元，这笔投资的回报率为 6 349 倍，我想李泽楷现在一定后悔做出了这场交易。

2014 年 5 月 16 日，聚美优品在美国上市，根据当天公司市值 38.7 亿美元推算，天使投资人徐小平此前曾向聚美优品投资 38 万美元，持股 8.8%，市值高达 3.4 亿美元。仅仅 4 年时间获得了 800 多倍的投资回报。

今日资本总裁徐新是京东商城的第一个投资人，因为介入较早，随着京东商城的成功挂牌上市，这笔投资（3 000 万美元）给她带来了难以想象的超额回报（22 亿美元）。

红杉资本创始人之一的沈南鹏，曾经以 100 万美元起步，4 年间通过原始股投资，赚了 80 亿美元，投资回报 8 000 倍。

中国股神段永平曾以 0.8 美元的价格认购的 200 万股网易股票，最后以 100 多美元的价格抛出，这次成功股权投资之后，段永平声称自己以后再也不做实体，转型做投资。

……

这些案例让我们见识了股权投资的恐怖回报，未来是人无股权不富的时代，持有股权的人和公司将是新的财富赢家。

对外股权投资通常应由专业的投资公司来开展，投资公司主要有两种：

1. 投资公司

即以将货币或资产投向外部的企业或个人，从这种货币或资产的投入取得直接经营收入或通过股份变现实现资金退出的企业法人。

投资公司的最低注册资本为人民币 1 000 万元。

2. 投资担保公司

投资担保公司的最低注册资金为人民币 3 000 万元，该类公司高管要具备大专及以上学历，有银行等相关机构两年以上的工作经历；公司董事要具备大专及以上学历，相关经济工作 3 年以上的从业经历；公司高管中必须有律师、会计师、经济师，并且股东和高管都要出具无犯罪记录证明和银行资信证明等。

高收益必然伴随高风险，股权投资的风险和收益同样是成正比的，而且投资流动性较差，适合做长期投资，因此，进行股权投资需要格外谨慎，做好风险规避。

一、对外股权投资的两种形式

同公司进行股权融资时的外部资金进入形式一样，老板对外开展股权投资也有两种形式（见图 11-1）。

以天使身份投资	• 需要注意的是，以个人身份对外股权投资尽量不要超过6家，如有超出，可以公司名义进行
以公司名义投资	• 除了可用个人名下公司去投资外，最好成立一家专门的投资公司，负责对外股权投资事宜

图 11-1 对外股权投资的两种形式

第一，以天使身份投资。需要注意的是，以个人身份对外股权投资尽量不要超过 6 家，如有超出，可以公司名义进行。

第二，以公司名义投资。除了可用个人名下公司去投资外，最好成立一家专门的投资公司，负责对外股权投资事宜。

二、投资对象的股权结构调查

除了前文谈及的股权问题外，还有几点需要强调一下：

第一，如果投资目标公司，创始人没有控股权，或者没有公司控制权，不要进行投资。

第二，股权结构不合理，如均分股权的公司，不要投资。

第三，外部投资人（资金股）占大股、掌握公司控制权的，不要投资。

三、股权投资风险规避

股权投资是风险游戏，不仅会面临市场风险、经营风险、企业执行风险，还可能会面临法律风险、政策风险，任何一个方向有些风吹草动，都有可能招致投资的彻底失败。

实践中，股权投资项目的风险控制可从以下几个角度展开：

1. 分阶段投资

分阶段投资，即投资资金分阶段注入企业，避免一次到位，根据项目进展和对方履约情况，分阶段逐步推进（见表11-4）。

表11-4　股权投资三阶段

第一阶段： 意向金	双方签署投资协议后，先行注入少量资金，作为定金，也称为信任金，一般在20%左右，当然作为对等回报，企业方面一般也会主张"到账多少资金，就过户多少股份"
第二阶段： 了解金	通过对企业的尽职调查，发现投资目标基本能符合自己的要求，这个阶段，就要注入了解金，一般在50%左右
第三阶段： 剩余金	如果企业发展顺利，先期投入的资金也能够得到较好的运用，没有浪费闲置情况，能够达到投资人的预期目的，此时就可以将约定投资金额的剩余部分全部注入。同时，所换取的股权份额也要全部过户到位

2. 合同规制

投资合约上，要详细约定双方的权利、义务，以及需要承担的违约责任，用来保障双方利益。

如果投资对象违约，通常采取的惩罚或补救措施有调整优先股转换比例、提高投资者的股份、减少项目公司或管理层个人的股份、投票权和董事会席位转移到股权投资者手中，解雇高管团队等。

参考
文献

[1] 中国法制出版社.中华人民共和国公司法实用版（全新修订版）[M].
    北京：中国法制出版社，2017.

[2] （德）马克斯·韦伯.新教伦理与资本主义精神 [M].阎克文，译.上
    海：上海人民出版社，2012.

[3] 卢爱芳，雷中辉，等.你拿什么吸引我：创业者必知的风投规则 [M].
    北京：北京大学出版社，2007.

[4] 朱瑛石.第一团队：携程与如家 [M].北京：中信出版社，2008.

[5] （美）查尔斯·埃利斯（Charles D. Ellis）.高盛帝国 [M].卢青，张玲，
    等译.北京：中信出版社，2015.

[6] （美）斯托厄尔.投资银行、对冲基金和私募股权投资 [M].黄嵩，赵鹏，
    等译.北京：机械工业出版社，2013.

[7] 史玉柱.史玉柱自述：我的营销心得 [M].北京：同心出版社，2013.

[8] 单海洋.非上市公司股权激励一本通 [M].北京：北京大学出版社，
    2014.

[9] 蔡聪.创业公司的动态股权分配机制 [M].北京：机械工业出版社，
    2017.

[10] 谷志威.私募股权投资基金实务操作指引（修订）[M].北京：法律
    出版社，2015.

[11] 郭勤贵.股权众筹：创业融资模式颠覆与重构 [M].北京：机械工业

出版社，2015.

[12] 宋海佳.重新定义股权激励：非上市公司如何"股励"员工 [M].北京：
中信出版社，2016.

[13] 段磊，周剑.分股合心：股权激励这样做 [M].北京：中华工商联合
出版社，2016.